MÍRATE**BONITA,**
MÍRATE**FELIZ**

SONIA LUNA

MÍRATE BONITA, MÍRATE FELIZ

UNA INVITACIÓN A DESCUBRIR QUIÉN ERES

WHITAKER
HOUSE
Español

Editor de Casa de Dios y de Sonia Luna: Alfonso Guido

Editora de Español Whitaker House: Ofelia Pérez

Foto y diseño de portada: Wonder Studio

Mírate bonita, mírate feliz
Una invitación a descubrir quién eres

ISBN: 978-1-64123-725-3
eBook ISBN: 978-1-64123-726-0
Impreso en los Estados Unidos de América
© 2021 por Sonia Luna
Km. 21.5 Carretera a El Salvador,
Fraijanes, Guatemala, Centroamérica.
PBX: (502) 6679-1919

Whitaker House
1030 Hunt Valley Circle
New Kensington, PA 15068
www.whitakerhouse.com

Por favor, envíe sugerencias sobre este libro a: comentarios@whitakerhouse.com.

1 2 3 4 5 6 7 8 9 10 11 **WH** 28 27 26 25 24 23 22 21

A mi madre Mercedes, que me enseñó
todo, pero primero me enseñó a ser hija.

AGRADECIMIENTOS

A Dios por amarme a pesar de ser imperfecta, por enseñarme cada día la bendición de ser mujer y por haberme permitido nacer en una familia donde primero aprendí a ser hija.

A mi esposo Cash por inspirarme con amor y paciencia cada día a ser mejor.

A mis hijos Cashito, Juan Diego y Ana Gabriela por su amor, comprensión y apoyo en todo lo que hago y por desafiarme a ser mejor mamá y persona.

A Vanessa de Chacón por sus consejos en el área de la psicología. Y a Anna, Víctor y Julia, quienes amablemente me abrieron su corazón, brindándome su testimonio y confiando que con Él podrán inspirar y bendecir a muchas personas.

A Alfonso Guido por la edición de este libro, a Ché Alvizuris, Guayo Bobadilla y Jaqui Malouf por el diseño y a las personas que tuvieron la amabilidad de leer varios capítulos antes de su publicación.

Y, por supuesto, a todas las mujeres en búsqueda de identidad a quienes este libro podría servirles para encontrar su *detonante infinito*.

ÍNDICE

Entonces dijo Dios: Hagamos al hombre a nuestra imagen, conforme a nuestra semejanza.

GÉNESIS 1:26

Y Dios me hizo mujer
de pelo largo,
ojos, nariz y boca de mujer.
Con curvas
y pliegues
y suaves hondonadas
y me cavó por dentro,
me hizo un taller de seres humanos.
Tejió delicadamente mis nervios
y balanceó con cuidado
el número de mis hormonas.
Compuso mi sangre
y me inyectó con ella
para que irrigara
todo mi cuerpo;
nacieron así las ideas,
los sueños,
el instinto.
Todo lo creó suavemente
a martillazos de soplidos
y taladrazos de amor,
las mil y una cosas
que me hacen mujer todos los días
por las que me levanto orgullosa
todas las mañanas
y bendigo mi sexo.

GIOCONDA BELLI

INTRODUCCIÓN: NADA SUCEDE POR CASUALIDAD

En cada acontecimiento de nuestra vida, por insignificante que parezca, está implícita la voluntad de Dios. No tomar un tren y esperar el siguiente. Anotar un número telefónico en una servilleta. Despedirse para siempre de un familiar muy querido. Darle nuestro primer beso a Juan y no a Eduardo. Ir al supermercado y olvidar comprar queso. Ir el fin de semana a la playa y no a la montaña. Asistir a un retiro espiritual y no a un concierto de rock… Todo tiene una razón de ser.

Hace muchos años me invitaron a ver un torneo nacional de voleibol. En vez de eso, esa tarde pude haber ido a comer un helado con mis amigas, pero al final preferí ir al polideportivo. Ese día, sin saberlo entonces, conocí al hombre que se convertiría en mi esposo.

Otro día, mientras trabajaba y cocinaba en casa, olvidé el teléfono celular en la cocina. Cuando fui por él me di cuenta de que la olla de presión que tenía al fuego estaba mal cerrada. Si no hubiera regresado por el teléfono, quizás ese mismo día una explosión en la cocina me habría provocado un temor irreversible de cocinar en olla de presión.

Así es como trabaja Dios en nuestra vida: con nuestras decisiones importantes y hasta con nuestros olvidos. Con lo trascendente y con lo cotidiano. Y cada suceso, por muy pequeño que parezca, influye en nuestra identidad; aunque, como lo explicaré más adelante, no la determina. Desde elegir un vestido azul porque nos atrae más que el amarillo hasta darnos cuenta de que nos gusta más la psicología que las finanzas. Desde comer un mango y descubrir que es nuestra fruta favorita hasta enfrentar la muerte de un hermano. Todo cuanto sucede va construyendo la persona que somos.

En este libro hago un recorrido por mi vida para explicar cómo este tipo de "casualidades" han influenciado mi identidad. Por medio de anécdotas personales y testimonios reales de otras personas pretendo mostrarte la diferencia entre la mujer que eres versus la mujer que ves en ti. Además, expongo la teoría de que toda persona tiene muchos puntos de influencia y solo un *detonante infinito* que la marca para siempre.

De corazón espero que estas páginas sean edificantes para tu vida y te ayuden a descubrir tu identidad como madre, como hija terrenal, como novia, como esposa, como amiga y como hija de Dios.

—SONIA LUNA

TENGO UNA IDENTIDAD

El Diccionario de la Real Academia Española define *identidad* como un "conjunto de rasgos propios de un individuo o de una colectividad que los caracterizan frente a los demás". Otra acepción dice: "conciencia que una persona o colectividad tiene de ser ella misma y distinta a las demás". Lo cierto es que hay muchas cualidades, tanto físicas como abstractas, que nos convierten en *alguien*.

En mi caso, por ejemplo, ser morena me convierte en alguien, pero que no me guste comer mariscos también (aunque, irónicamente, me guste cocinarlos). Ser pastora,

No soy alguien
solo por mis
cualidades, sino
también por mis
defectos.

alérgica al jengibre, mujer, guatemalteca, haber sido víctima de *bullying* en la escuela, jugar voleibol, mi gusto por la confección de ropa, hacer ejercicio, mi fobia a los ratones, mi amor por los niños... Todo esto me convierte en *alguien*. Incluso soy alguien porque puedo llorar al ver una película con final triste.

Sin embargo, no soy alguien solo por mis cualidades, sino también por mis defectos. Cuando era niña me comía las uñas, cuando era adolescente no sabía controlar mi enojo, soy muy despistada cuando tengo más trabajo y tengo la manía inexplicable de rozarme los labios con los nudillos. ¿Ustedes creen que sé por qué lo hago? Ni yo lo sé. Simplemente lo hago.

Tengo una amiga que no come carne y eso la convierte en vegetariana, pero más allá de eso, esta es una de tantas cualidades que definen su identidad. Mi esposo no tuvo hermanos, pero siempre fue muy amiguero y eso también define su identidad. Tuve un padre que padecía de alcoholismo, pero era muy trabajador y esforzado, además muy amoroso con sus hijos, y también eso definía su identidad.

Todas estas cualidades y defectos —tanto físicos como psicológicos y hasta emocionales— nos convierten en *alguien* y definen quiénes somos. Cada persona posee miles de características que la hacen única y les hacen saber quiénes son. A ese conjunto de cualidades que nos hacen saber quiénes somos podemos llamar *identidad*.

Podremos haber más de 16 millones de guatemaltecos, pero no todos son mujeres, morenas, pastoras, ni tienen fobia a los ratones, ni se llaman Sonia Luna. Y aun si en el mundo hubiera mujeres con estas mismas características, te aseguro que ninguna de ellas se roza los labios con el nudillo del dedo de la mano derecha. En conclusión: todos somos únicos.

Sin embargo, a pesar de que nuestra identidad nos hace diferentes, te aseguro que jamás puede ser definitiva. Si bien es cierto que hay características y acontecimientos que nos podrían marcar para siempre (en mi caso, el *bullying* que sufrí en la escuela o la muerte temprana de uno de mis hermanos), todas las personas tenemos la capacidad de superar estos obstáculos emocionales.

Nuestra identidad no es un estado con el que nacemos y vivimos toda la vida hasta el momento de nuestra muerte. Más bien se va moldeando a lo largo del tiempo a través de acontecimientos y personas determinantes. Hago énfasis en las personas porque somos seres sociales. Nuestros padres, nuestros hermanos, nuestros amigos del colegio, nuestros compañeros de trabajo, nuestros clientes, nuestros maestros y nuestros jefes… Todos son parte de nuestro entorno e influyen mucho en nuestra identidad. Pero si bien es cierto que pueden *influir* en quiénes somos, eso no significa que lo *determinen*. La identidad se va moldeando a lo largo del tiempo a través de conocimientos y personas a nuestro alrededor.

UN DETONANTE INFINITO

Nadie tiene una identidad definitiva. Un niño que le teme a la oscuridad a los 8 años podría ser que quizás a los

La identidad
se va moldeando
a lo largo del
tiempo a través
de conocimientos
y personas
determinantes.

30 le siga temiendo, pero también podría ser que no porque superó ese miedo. Entonces, el temor a la oscuridad deja de influenciar su identidad. De igual modo, si una jovencita fuma marihuana a los 18 años, eso no significa que fumará toda su vida. Tampoco significa que nunca se graduará de la universidad, ni tendrá un trabajo estable, ni se casará con un hombre bueno.

A lo que quiero llegar es que todos tenemos la capacidad de cambiar nuestra identidad si descubrimos, lo que yo llamo, un *detonante infinito*.

En nuestra vida habrá *personas*, *acontecimientos*, *cualidades* y *defectos* que influyen en nuestra identidad, por supuesto, pero lo único que la determina es un detonante —bueno o malo—, o sea, el sentido que adquiere la vida para nosotros y que nos marca para siempre. He ahí por qué es *infinito*.

Este viene a ser como una marca de agua que nos define desde que acontece y que se convierte en la esencia de nuestra identidad. Por eso sostengo la teoría de que todas las personas descubren y mantienen a lo largo de su vida un detonante infinito que no solo las influye, sino que también las determina.

ESQUEMA DE
LA IDENTIDAD

Cualidades
Defectos
Circunstancias de la vida
Personas que nos rodean } Nos influyen pero
no nos determinan

Detonante infinito } Nos da un sentido
y nos determina

} Todo esto nos convierte
en alguien y nos da una
identidad

Pensemos en casos históricos y específicos. Podemos intuir que la identidad de Ludwig van Beethoven se vio fuertemente influenciada por su admiración a Mozart, por su estricta búsqueda de perfección, por sus problemas económicos y hasta por su sordera, pero su detonante infinito, a fin de cuentas, fue la música. Es lo que lo motivaba a levantarse cada mañana, sentarse en el piano y componer sinfonías.

Asimismo, la madre Teresa de Calcuta pudo haber sido influenciada por su vocación religiosa, por su misión en la India y hasta por el Premio Nobel de la Paz que recibió en 1979, pero su detonante infinito fue su labor humanitaria. Es lo que la motivaba a no mantenerse enclaustrada en un convento.

La identidad de Lionel Messi, futbolista argentino, pudo haber sido influenciada por sus amigos en la ciudad de Rosario en Argentina, por su abuela materna a quien dedica sus goles, por el problema genético que le impedía crecer de forma normal y hasta por el descubridor de talentos que lo llevó a España, pero a fin de cuentas su detonante fue el fútbol. Es lo que lo motiva a mantenerse saludable y entrenar prácticamente a diario.

Estos casos que te presento son producto de mi percepción, pero lo cierto es que solo uno mismo puede descubrir cuál es el *detonante infinito* que determina su identidad para siempre. No olvides que por su cualidad de infinito no se trata de un hecho aislado, sino perpetuo. Tampoco es una cualidad o un defecto y ni siquiera una persona importante en tu vida, pues aunque todo eso influye en nuestra identidad, no la determina.

Un *detonante infinito* es el sentido de vida que pasa a ser el motor de nuestras acciones fundamentales y que cambia algo más que nuestra percepción de la realidad. Un *detonante infinito* cambia nuestra vida por completo. A lo largo de este libro te contaré cómo descubrí el mío.

Desde muy pequeña me gustó la alta costura y quise ser diseñadora de modas, sin embargo, eso influenció en mi forma de ver la vida, pero no fue lo que me determinó. También jugué voleibol un par de años durante mi adolescencia y es algo que me encantaba, pero tampoco fue algo que marcó mi vida. ¿Mi familia y mis hijos? Desde luego que son importantes, pero también fueron influencia: yo ya había experimentado mi *detonante infinito* antes de que ellos llegaran. "Entonces, Sonia —te preguntarás—, ¿cuál fue tu *detonante infinito?*".

Dios también es
la razón por la que
oro todos los días,
por la que trato
conscientemente
de abstenerme del
pecado y por la que
amo interceder por
las personas.

Mi *detonante infinito* fue Dios y Su consuelo. Esto me llevó a que todos los días de mi vida mantenga un encuentro personal con Él; que piense y actúe de una forma coherente con Su amor. Si Dios no se hubiera manifestado en mi vida yo no sería Sonia Luna, la mujer imperfecta que codirige junto a su esposo desde hace más de dos décadas un ministerio cristiano en Guatemala. Quizás tampoco sería una esposa con casi 36 años de matrimonio porque si me casé por la iglesia fue creyendo que Dios podía bendecirnos. Y quizás no hubiera sido mamá de tres hijos que le aman.

Dios es el *detonante infinito* que le da sentido a mis días. Por ejemplo, es la razón por la que los domingos en la mañana me levanto temprano a bañarme y arreglarme para ir a la iglesia, en vez de quedarme en casa vestida en pijama viendo maratones de series de televisión (por mucho que me atrapen); o en vez de ir a jugar golf o voleibol. Cuando experimenté mi *detonante infinito* también acepté que el domingo es el día del Señor.

Dios también es la razón por la que oro todos los días, por la que trato conscientemente de abstenerme del pecado y por la que amo interceder por las personas. En resumen, Él determinó cada una de las decisiones de mi vida. Como podrás ver, más que una influencia, fue mi *detonante infinito*. Lo que me hizo quien soy para toda la eternidad.

Y tú, ¿ya descubriste tu *detonante infinito?* A lo largo de este libro me propongo ayudarte a descubrirlo.

PREGUNTAS DE REFLEXIÓN

1. ¿Qué factores piensas que influyen en tu identidad?

2. ¿Qué le da sentido a tu vida, qué podría determinar tu identidad?

2

¿ME VEO COMO REALMENTE SOY?

Independientemente de la edad que tengas, puede pasar que a estas alturas de tu vida ya seas consciente de que eres *alguien* e incluso podrías haber descubierto ya tu *detonante infinito*; y a pesar de ello, también podrías estarte viendo de forma incorrecta. En pocas palabras, podrías saber que eres *alguien*, pero sin poder ver quién eres en realidad.

Así como todo cuanto te rodea te convierte en alguien, también podría alterar la percepción que tienes de ti misma respecto a quién eres.

Así como todo
cuanto te rodea
te convierte en
alguien, también
podría alterar la
percepción que
tienes de ti misma
respecto a quién
eres.

Como seres creados a imagen y semejanza de Dios tenemos un cuerpo, un alma y un espíritu. Nuestra naturaleza es pura y perfecta, y además en constante movimiento. Esta es una tendencia que puedes observar en todo: las plantas hibernan en invierno para luego florecer en primavera. Algunas especies de aves migran en busca de alimento. En su hábitat natural los mamíferos suelen convivir en manada y en prácticamente todo el reino animal las madres protegen y alimentan a sus crías.

Como ves, todo este modelo perfecto también nos corresponde a los seres humanos. Si bien es cierto que mantenemos una condición especial por haber sido creados a imagen y semejanza de Dios, nuestro entorno natural también nos enseña de muchas formas quiénes somos y cómo nos debemos conducir en la vida. Tenemos la bendición de ser seres racionales, por eso no deberíamos actuar como si no lo fuéramos.

Es por esta razón que como mujer que se considera hija de Dios —y más aún, como persona consciente de cómo funciona la naturaleza—, me cuesta comprender algunas conductas antinaturales como el aborto, las relaciones entre dos personas del mismo sexo o la tendencia a la autodestrucción por medio del exceso del alcohol y otras sustancias. Es algo que no solo va en contra de mis principios cristianos, sino también de mi forma de ver la naturaleza. Más aún cuando, a diferencia de otras especies, los seres humanos sí tenemos la capacidad de razonar y de sentir.

La psicología evolutiva afirma que hay cuatro diferencias esenciales entre nuestro sistema cognitivo y el de los animales:

1. La habilidad para combinar diferentes tipos de conocimientos, datos e informaciones para luego crear, registrar y transmitir nuevos conocimientos.

2. Aplicar los conocimientos a problemas, logrando soluciones en una y otra situación.

3. Crear y atender representaciones simbólicas a través del uso de todos los sentidos.

4. Establecer un pensamiento de acuerdo con la información recolectada por los sentidos. Los seres humanos somos adaptables a distintas situaciones, siempre desde el conocimiento y el raciocinio.

Sin embargo, no dejaré de amar a alguien por muy antinatural que sea su conducta, pues amar a las personas como a uno mismo es un mandamiento de Jesús (ver Lucas 10:27). Tampoco intento persuadirlas para que se comporten de una u otra forma. Lo único que procuro en este libro es demostrar que muchas veces podríamos estar desorientados y tener una autopercepción de alguien que en esencia no somos, y que más bien podría haber sido influenciada por el entorno que nos rodea.

Irónicamente, nuestra capacidad como seres humanos de razonar también podría darnos cierta "desventaja" respecto a otras especies. Es que como seres pensantes es innegable que tarde o temprano llegará el día en que empecemos a cuestionar nuestra existencia: ¿Quiénes somos? ¿Por qué estamos aquí? ¿Cuál es nuestro propósito? ¿Por qué hay maldad en el mundo?

No está mal hacerse este tipo de preguntas, pero también son las que de una u otra forma nos van llenando de las dudas y los temores característicos de todo ser humano. Mientras no hayamos descubierto el *detonante infinito* que nos revela nuestra identidad, este tipo de cuestionamientos, más que guiarnos hacia una verdad, podría llegar a confundirnos.

Algo que nos impide descubrir nuestro *detonante infinito* son las heridas psicológicas y emocionales que con el paso del tiempo nos provocan traumas profundos. ¿Has escuchado la frase "aunque sane la herida, siempre queda la cicatriz"? Son heridas que tratamos de ignorar como si nunca hubieran ocurrido, pero muy en el fondo de nuestra conciencia ahí permanecen.

Un ejemplo está en las críticas o burlas que pudieron habernos hecho desde nuestra niñez acerca de nuestra apariencia física, nuestra condición de salud y hasta de nuestros dones y talentos. Este fue el caso de Jesús, a quien criticaron y desacreditaron por enseñar las Escrituras siendo nazareno e hijo de un carpintero (ver Mateo 13:55-58).

Hay un dicho que uso con mi esposo: "las personas son lo que piensan de sí mismas". Esto no fue algo que nosotros nos hayamos inventado y, de hecho, lo extrajimos de la Biblia. En Proverbios 23:7 dice, refiriéndose al ser humano: "Porque cual es su pensamiento en su corazón, tal es él".

Esto me recuerda mucho a un testimonio de amor propio que una persona —que ahora es mi amiga y una líder espiritual— compartió conmigo hace mucho tiempo. Quiero hacer un paréntesis acerca del poder del testimonio.

Algo que nos impide
descubrir nuestro
detonante infinito
son las heridas
psicológicas y
emocionales que con
el paso del tiempo
nos provocan traumas
profundos.

La primera vez que subí a un púlpito fue para testificar cómo había sido mi vida antes y después de conocer a Dios y descubrir mi *detonante infinito*. Un testimonio es el relato de primera mano de alguien que da fe acerca de un suceso, acontecimiento o periodo de tiempo que ha vivido. No se trata de una herramienta exclusivamente espiritual y, de hecho, también es usada en los medios de comunicación, en el derecho penal y hasta en la literatura.

En el ámbito religioso, un testimonio nos ayuda a exponer la veracidad del poder de Dios y lo determinante que Él puede llegar a ser para nuestra vida. Precisamente eso fue lo que compartí aquella mañana de domingo de 2001 cuando subí por primera vez a un púlpito: cómo Dios se había convertido en mi detonante infinito a través de algunos sucesos específicos que iré relatando en los siguientes capítulos.

Pues bien, entonces aquella mujer escuchó mi testimonio y sintió afinidad con mi historia, a tal punto que ella también quiso compartirme la suya. Ahora me propongo compartirla contigo. Omitiré su nombre real por respeto a su privacidad, al igual que con los demás testimonios que recojo en este libro, pero la llamaremos Anna. Espero que su historia no solo sirva para demostrarte cómo una persona puede llegar a ser transformada cuando conoce a Dios, ni para convencerte de que nada es imposible para Él (ver Lucas 1:37), sino para demostrarte cómo la percepción que tienes de ti misma es fundamental para sanar cualquier herida.

PREGUNTAS DE REFLEXIÓN

1. Si tuvieras la oportunidad, ¿tienes un testimonio que querrías compartir con otras personas?

2. ¿Recuerdas algún testimonio que te haya impresionado?

3

LO QUE ME AFECTA NO DETERMINA MI FUTURO

Anna recuerda muy poco de su niñez. A la edad de tres años sufrió un accidente por el cual tuvo que quedarse hospitalizada durante un año debido a tres fracturas de cráneo. Este accidente afectó considerablemente su actividad motora.

Pero las heridas de Anna no iniciaron con aquel accidente. Se empezaron a manifestar muchos años antes de su nacimiento. La mamá de Anna quedó huérfana a los seis años y a los trece quedó embarazada de su primer hijo. Este embarazo temprano fue el primero de ocho que tuvo de diferentes progenitores, llegando a dar a luz a seis mujeres y dos varones.

Debido a esta situación la vida de Anna transcurrió entre siete padrastros de los cuales dos llegaron a abusar constantemente de ella y de sus hermanas. Por otra parte, Anna nunca llegó a saber quién fue su padre.

La madre de Anna se dedicó a la prostitución para poder alimentar a sus hijos. Algo que nunca se le olvida a Anna es que por las noches su madre llegaba borracha, pero con algo de dinero para darles de comer. Este dinero, cuando lo había, lo administraba su hermano mayor cuando él aún no cumplía ni la mayoría de edad.

De su madre Anna solo recibió maltrato físico, psicológico y verbal, y se acostumbró a escuchar frases como: "Eres la más fea de mis hijas", "No sirves para nada, eres una inútil", o "Después del accidente quedaste retrasada mental". Anna recuerda que toda la ropa y zapatos en mal estado tenían que ser para ella y que debía aceptar esa realidad tal cual.

Creció creyendo de sí misma que no se merecía más porque después del accidente que había sufrido a los tres años había quedado con algunos "problemas" —problemas que, por cierto, ella no terminaba de entender del todo— que la ubicaban en una condición inferior a la de sus hermanos y a la de todas las demás personas. En su familia tanto así apoyaban esta idea, que su mamá hasta la sacó de la escuela porque pensó que no era apta ni siquiera para estudiar la primaria.

SENTIMIENTOS DE INDIGNIDAD

En este punto, la identidad de Anna se aferraba a la idea de ser inferior e indigna por culpa de su accidente. Pasó toda su niñez y parte de su adolescencia creyendo que no merecía ni siquiera soñar. Esto hizo que creciera con inseguridad, sintiéndose sin aliados, temiéndole a los adultos y con la certeza de no poder contar con alguien.

Hasta aquí pudo haber llegado lo que había que contar sobre la vida de Anna, pero no. Porque Dios tenía para ella un propósito grande.

A los doce años, y con la ayuda de una vecina, Anna decidió salir de su casa y buscar refugio en una casa hogar. En este lugar ella descubrió que no era tan "inútil" después de todo, ya que tuvo la oportunidad de aprender varios oficios: repostería, cocina y belleza. Después de cuatro años en la casa hogar, una señora la "adoptó" para llevársela a su casa a trabajar en oficios domésticos a cambio de pagarle sus estudios, condición que la señora nunca cumplió y, en vez de ello, Anna fue asediada sexualmente por el esposo de la señora.

Regresó a la casa hogar suplicando que la aceptaran de nuevo, pero por su edad (tenía 17 años) ya no pudo ser recibida. Sin embargo, una señora que la había cuidado dentro de esa institución se apiadó de ella y la recibió en su propia casa. Durante la semana Anna estudiaba gracias a unas estrictas servidoras sociales quienes la convirtieron en una señorita, maquillándola y enseñándole a comportarse bien.

Hasta aquí
pudo haber llegado
lo que había que
contar sobre la
vida de Anna,
pero no. Porque
Dios tenía para
ella un propósito
grande.

Poco tiempo después Anna empezó a rebelarse y un día se apartó de la custodia de estas servidoras sociales y empezó a vivir sola. Mientras vivía sola conoció a una amiga mayor que resultó ser una proxeneta que conseguía jovencitas acompañantes a hombres de alcurnia. Fue así como Anna por primera vez en su vida, empezó a codearse con personas de otros niveles de la sociedad. Empezó a beber alcohol y a tener malas compañías.

Después de cada parranda se sentía muy sola, vacía, sin valor; además, el agua no era suficiente para limpiar lo sucia que se sentía. Sin rumbo cierto, Anna pensaba que no tenía nada que perder si se quitaba la vida, así que un día decidió intoxicarse con pastillas. Este hubiera sido su cuarto intento de suicidio. Terminó en el hospital, donde le hicieron un lavado gástrico. Todavía convaleciente, llamó a su amiga para pedirle ayuda y esta le aseguró: "Los malos momentos se arreglan con buenos momentos", así que la amiga arregló una salida con otros dos muchachos (uno de ellos, el que ahora es su esposo). Esa tarde, Anna bailó con Luis, bebió y terminó en el baño llorando. Esa noche se acostó con Luis y allí amaneció.

ORACIONES

Regresó a su casa muy avergonzada y con el mismo sentimiento de vacío. Fue cuando entonces oró diciendo: "Señor, si Tú me sacas de aquí, entenderé que no quieres esto para mi vida". Ella no conocía otra forma de vivir que no fuera esa. Además, era la única de acuerdo con la percepción que ella tenía de sí misma. Su única esperanza era que Dios hiciera algo en su vida.

Momentos después, Luis, quien era un cristiano apartado, tocó a su puerta muy interesado en su salud y en su condición. Ese día ella le contó mucho de su vida y él, muy conmovido, le habló de Jesús: "¿Sabes? Jesucristo murió por ti, para que ya no tengas más esa vida. En Él, la vida se hace nueva". Luis también estaba pasando por un proceso difícil, pero nada impidió que le hablara a Anna de una nueva oportunidad. Sin más pensarlo, después de una borrachera y en medio de una resaca, Anna le dijo sí a Jesús.

Anna y Luis se enamoraron y empezaron a cambiar sus malos hábitos. Juntos fueron a la iglesia y ella fue a su primer encuentro. Cuando Anna escuchó al predicador que hablaba acerca de las maldiciones generacionales (madre soltera, alcohol, prostitución, divorcio, etcétera), entendió que no era su destino que su identidad permaneciera así y, en cambio, podía ser libre de todas esas ataduras. Entonces hizo una oración cancelando y renunciando a todas esas maldiciones y, por primera vez en su vida, se sintió libre y con esperanza.

Anna continuó su relación con Luis, pero él, desde que habían empezado a salir juntos, le había dicho que nunca se casaría con ella, por lo que al mes de "formalizarse" tomó la decisión de dejarla. Él no podía borrar de su mente las circunstancias en las que conoció a Anna. Estaba buscando una novia para casarse, pero quería una mujer sin un pasado tan tormentoso como el de ella. Había decidido ya no seguir con Anna, pero para entonces ella ya estaba embarazada de su primera hija. Luis incluso llegó a dudar de su paternidad, pero cuando nació la niña el parecido era tan fuerte que siguió visitando a Anna, pero sin poner un compromiso de su parte.

La relación entre ambos se volvió violenta. Ella volvió a orar y dijo: "Señor, yo renuncié a todas esas maldiciones generacionales, y Tú prometiste que mi descendencia no iba a vivir lo que yo pasé. Te pido que Luis reconozca a su hija". Entonces Jesús habló a su corazón, diciéndole: "Yo cumplo mis promesas".

PROMESAS CUMPLIDAS

A los seis meses Luis la buscó y reconoció a su hija. Se reconciliaron, pero aun así él no terminaba de convencerse de casarse con ella y no tuvo reparos en hacérselo ver. Él le alquiló un apartamento y la llegaba a ver algunos fines de semana, pero no quiso compromiso.

Quedó embarazada de su segunda hija y la noticia no fue muy bien recibida por Luis ni por la familia de él. Sin embargo, siguió visitándola, sin poder olvidar el pasado de ella. Tiempo después Anna quedó embarazada por tercera vez de un niño que nunca nació, pues ella tomó la decisión de abortarlo y casi muere desangrada.

Anna volvió a atravesar por una profunda depresión. Pareciera que la vida se hubiera empeñado en negarle la felicidad y empezó a dudar otra vez de su propósito. "Por un lado, la maldad que había en las personas; y por otro, un Dios que hasta ahora no me contestaba", me dijo ella en su testimonio.

Hasta que un día Anna dijo: "Me voy a desaparecer. Le dejaré mis hijas a su padre, que se encargue él de ellas. Yo ya no puedo más". Anna se había dado por vencida, ya no tenía más ilusión y pensó recurrentemente en el suicidio. Estaba claro que Luis seguía buscando a la mujer de sus sueños y esa no podía ser ella.

Tres años después del nacimiento de su primera hija, en una ocasión en que Luis llegó a verlas, les llevó también una compra del supermercado. Mientras que Anna empezó a acomodar los víveres en la despensa, vio que dentro de una de las bolsas había un estuche de joyería. Ella le dijo a Luis: "Esto hay que devolverlo, alguien lo metió por equivocación", pero Luis se acercó a ella, abriendo el estuche, mostrándole un anillo y pidiéndole que se casara con él.

Más tarde, Luis le contó sobre un momento que tuvo con Dios, donde Él le dijo: "La esposa que siempre has buscado es Anna. Si la rechazas de nuevo, te quedarás sin la mujer que me has pedido". Solo entonces Luis tuvo paz en su corazón y no dudó más.

El maltrato, el rechazo y los abusos quisieron cambiar la identidad de Anna, pero ella aprendió que no importa el camino recorrido, sino que lo importante es el destino al cual llegó. Su padrastro le había pronosticado que sería prostituta, su madre le dijo que era inútil y el mundo la desafió con muchas tentaciones en las cuales cayó tocando fondo a los 18 años; pero ¡quien diría que Dios tenía un futuro lleno de esperanza! La sanó, la limpió y cumplió Sus promesas para ella.

Ahora Anna tiene un matrimonio de veinte años y veinticinco de relación con Luis. Asegura ser esposa de un hombre maravilloso que Dios usó para formar su fe y que la inspira todos los días a servirle a Dios, animándola siempre a dar su testimonio a aquellos que necesitan encontrar su verdadera identidad.

Anna es una empresaria en su ciudad. Además, junto a Luis pastorea una iglesia. Ambos tuvieron un tercer hijo (varón) y ya tienen dos nietos. Su historia se refleja perfectamente en el pasaje bíblico de Romanos 8:37-39:

> Antes, en todas estas cosas somos más que vencedores por medio de aquel que nos amó. Por lo cual estoy seguro de que ni la muerte, ni la vida, ni ángeles, ni principados, ni potestades, ni lo presente, ni lo por venir, ni lo alto, ni lo profundo, ni ninguna otra cosa creada nos podrá separar del amor de Dios, que es en Cristo Jesús Señor nuestro.

Del testimonio de Anna puedo sacar algunas conclusiones. Te invito a reflexionarlas y también a sacar las tuyas.

Primero, fueron diferentes factores los que le impidieron descubrir su identidad. Ella estaba destinada a sufrir desde antes de su nacimiento, pero no solo fueron condicionados por el ambiente en el que pasó su niñez temprana, sino también por las consecuencias de sus propios actos, como se vería más adelante.

Segundo, estos factores se fueron manifestando a lo largo de su vida y no corresponden a una sola etapa. Podemos ver

No hay
absolutamente
ninguna vida que
haya pasado por
esta Tierra que
no pueda ser
transformada
por Dios.

que cuando ella creyó que había descubierto el amor, se tropezó de frente contra un muro de decepción que casi la lleva al suicidio. Esto solo significa que no existe una edad propicia para descubrir nuestra identidad, ya que muchas veces pasará que, cuando creemos haber llegado a saber con seguridad quiénes somos y hacia dónde vamos, resulta que la vida nos da muchas sorpresas.

Tercero, no importa cuán peculiar, diferente, única o tormentosa sea nuestra vida. No hay absolutamente ninguna vida que haya pasado por esta Tierra que no pueda ser transformada por Dios. Anna es apenas uno de tantos ejemplos que nos demuestran eso.

Y tú, ¿qué conclusiones sacas del testimonio de Anna? ¿Qué conclusiones puedes sacar de tu propio testimonio? Si tienes algo que contar, te motivo a acercarte a las personas que te inspiren más confianza y expreses lo que guardas en tu corazón.

¿Eso aún no te da confianza? Entonces te motivo a escribirlo. Toma un cuaderno y escribe tu historia de vida. Quizás muchas de las cosas que ahí escribas sean las que te estén impidiendo encontrar tu verdadera identidad como hija de Dios.[1]

---

1. Al final de este libro encuentra el "Cuestionario de equilibrio" que comparto contigo y que te ayudará a desarrollar paso a paso este ejercicio.

PREGUNTAS DE REFLEXIÓN

1. ¿Qué sucesos en tu vida te han afectado tanto que te has preguntado quién eres?

2. ¿Te has recuperado a ti misma o entiendes que algunos de ellos te impiden encontrar tu identidad?

4

ORÍGENES

Me llamo Sonia María Castillo Pacheco y nací en la Ciudad de Guatemala el 19 de mayo de 1966, pero desde que era muy pequeña mi familia se mudó al interior del país. En la década de 1970 vivimos en un departamento de Guatemala llamado Retalhuleu, compuesto por nueve municipios y cuya cabecera departamental homónima está situada a 190 kilómetros de la capital. La ciudad de Retalhuleu es descrita por sus habitantes como "la capital del mundo" y su nombre significa "Señal hecha sobre la tierra".

Pertenecí a una familia compuesta por mi papá Jaime, mi mamá María Mercedes y cinco hijos; dos hermanos varones y tres mujeres. Del mayor al menor somos: Jaime, Óscar

Francisco "Calín", Diana, Sonia María (yo) y Bárbara. Las tres mujeres somos de distintas generaciones y nos llevamos muchos años de diferencia: yo nací cuando la mayor de nosotras tenía 8 años y mi hermana menor nació cuando yo tenía 9. Quizás por ello desde muy pequeña fui más apegada a los varones.

En aquellos años había muchas siembras de algodón y banano en Retalhuleu y nos mudamos a vivir allí por el trabajo de mi papá, quien era aviador fumigador. Antes él había trabajado en la Torre de Control del Aeropuerto Internacional La Aurora en Guatemala y después estudió en la Academia de Aviación, lugar donde inició su carrera como piloto.

Mis dos hermanos siguieron sus pasos y también estudiaron para ser pilotos. Aunque mi hermana mayor también quiso serlo, mi padre no lo permitió, argumentando que no era una profesión idónea para una mujer. Desconozco las verdaderas razones que tuvo mi padre para negarle la oportunidad de ser piloto, pero siempre ha sido parte de la cultura latinoamericana ser sobreprotectores con las mujeres. En este tema hay mucha tela que cortar, pero a veces imagino que aquella situación pudo haber influenciado la identidad de mi hermana.

De Retalhuleu recuerdo los juegos que desde niños hicimos con nuestros amigos y vecinos en el jardín de nuestra casa, donde había palos de mango, de mandarina y de limón. También había un armazón de avión que nuestro padre dispuso para que jugáramos con él. Nuestros vecinos del lado derecho eran la familia de Jorge y Dinora Jacobs, quienes fueron mis compañeros de estudios y además se convirtieron en mis mejores amigos de aquella época. A la izquierda la familia de Ricardo Alejos, que se caracterizaba por hacer obra social; y al otro lado de la calle vivía Carmencita, una amiga con quien compartí muchas tardes después del colegio.

Mi madre Mercedes estudió Magisterio, pero no lo ejerció y más bien se desarrolló en otras áreas. Ella, además de cocinar delicioso, también confeccionaba ropa y era dueña de un salón de belleza. Recuerdo una mesa grande donde realizaba cortes de confección para los vestidos de sus clientas y vestidos de novia en miniatura para las muñecas que decoraban los pasteles de boda. Este oficio lo trabajó desde casa para no dejar de cuidar de nosotros, de nuestra alimentación y nuestra educación.

Pero nuestra casa no siempre fue un hogar feliz. Si bien mi padre fue un hombre trabajador y responsable, también fue víctima de alcoholismo a tal punto de desaparecerse durante días por andar bebiendo. Esto provocó mucha tensión entre él y mi madre, y muchas veces mis hermanos y yo tuvimos que intervenir para que no se hicieran daño.

Recuerdo una noche en particular cuando, de no haber intervenido, habría ocurrido un crimen en el jardín de mi casa. Mis padres discutieron tan fuerte que mi mamá tomó un arma de mi padre y le apuntó. Yo corrí a arrebatársela y salí muerta de llanto a pedir ayuda a casa de mis vecinos.

Entre los 8 y los 14 años fui testigo de la peor crisis matrimonial entre mis padres y el alcoholismo de él afectó las finanzas familiares. Cuando pensé que esta situación empezaba a normalizarse en nuestra vida, mi mamá sintió el deseo de regresar a la Ciudad de Guatemala. Por aquellos días yo estaba cerca de cumplir quince años.

En Latinoamérica la fiesta de quince años para una mujer se suele celebrar en grande porque determina la etapa en que deja de ser niña para convertirse en una señorita. Es emocionante para la quinceañera usar ese día un vestido largo y elegante. Sin atreverme a generalizar estoy segura de que la mayoría de las niñas de mi generación fantaseó con ese acontecimiento y yo no fui la excepción.

Sin embargo, mi mamá decidió que el mejor regalo de quince años para mí no sería una fiesta, sino ir a Estados Unidos a estudiar y perfeccionar mi inglés. Creí entender lo que ella me proponía y lo acepté sin reproche, sabiendo que era lo mejor para mí. He conocido a pocas mujeres de su generación tan visionarias y adelantadas a su época como ella. Me sentí agradecida por la confianza que me delegaba desde muy joven.

Al regresar de Estados Unidos me encontré con la maravillosa noticia de que mi papá había dejado el alcohol y empezaba a ir a la iglesia. Solo Dios pudo salvar el matrimonio de mis padres por medio de un cambio milagroso y radical en la vida de él.

La formación
de la identidad
se trata de un
proceso largo
y complejo que
experimentamos
toda nuestra vida.

¿EN QUÉ MOMENTO SE EMPIEZA A FORMAR NUESTRA IDENTIDAD?

Esta es una de las preguntas que me hacen con frecuencia. Como bien dije antes, no hay un momento específico. La formación de la identidad se trata de un proceso largo y complejo que experimentamos toda nuestra vida. Nosotros empezamos a experimentarlo durante la infancia temprana, pero en realidad inicia desde mucho antes de nuestro nacimiento.

Siendo adulta tuve la oportunidad de investigar más acerca de por qué mis padres llegaron a tener una relación tan conflictiva y por qué el comportamiento de algunos miembros de mi familia no se repetía en otros que tuvieran relación directa (por ejemplo, entre padres e hijos). Fue entonces cuando descubrí qué es un genograma, herramienta que en psicología se emplea para el estudio de las relaciones familiares.

Pasé mucho tiempo tratando de dibujar el mío y el de mi familia. Esto en gran parte me ayudó a entender que podemos heredar comportamientos y conductas que provienen de generaciones anteriores a la de nuestros padres, y eso fue lo que le pasó a mi papá.

Quiero compartirte mi genograma e invitarte a crear el tuyo. En Internet hay muchas herramientas que te pueden ayudar a hacerlo.

VÍNCULOS Y CONFLICTOS ENTRE GENERACIONES: EL CASO DE JOSÉ

Las relaciones sanas y conflictivas marcan a las generaciones enteras de una familia. En el Antiguo Testamento podemos ver que la bendición que Abraham dio a Isaac también influyó en su descendencia; sin embargo, los conflictos de algunos padres ocasionaron la separación entre los hijos.

Abraham amaba a Isaac, pero alejó a Ismael, lo cual hasta el día de hoy ha provocado guerras y conflictos entre judíos (descendientes de Isaac) y árabes (descendientes de Ismael). De la misma manera vemos cómo el conflicto por la progenitura —y la preferencia de Rebeca para esa progenitura— provocó que dos hermanos, Jacob y Esaú, se distanciaran. El rechazo y la traición que sintió Esaú hizo que brotara una raíz de amargura por la que llegó a odiar a su hermano y le deseó hasta la muerte.

También el engaño de Labán, suegro de Jacob —a quien le dio a Lea como esposa, sabiendo que él amaba a Raquel— hizo que este amara más a los hijos de Raquel (José y Benjamín) que a los de Lea y las siervas de ellas. Esto provocó en sus demás hijos celos, enojo y envidia, así como deseos de matar a su hermano José a causa de la preferencia que su padre le mostraba.

A raíz de ello José sufrió no solo el rechazo de sus hermanos, sino también la peor de las traiciones: conspiraron contra él para matarle, lo humillaron al arrebatarle su túnica de colores y lo vendieron a los ismaelitas por veinte piezas de plata. Lo separaron de su padre Jacob y de su hermano

Benjamín y no volvió a ver a su familia sino hasta después de mucho tiempo, luego de pasar por diferentes pruebas.

Sin embargo, podemos ver cómo Dios nos rescata y hace que todas las cosas trabajen juntas para bendecirnos. Y aunque parecía que todo lo que José vivió sería dañino para su propósito, en realidad se cumplió cada uno de los sueños que Dios tenía para él y su pueblo.

Satanás buscaba que no se cumpliera la bendición sobre la vida de José a causa de las heridas provocadas por sus hermanos, pero Dios le permitió al hijo de Jacob volver a reconciliarse con toda su familia y él logró perdonar y sanar su corazón a tal punto que su padre tuvo la oportunidad de bendecir a sus nietos Manases y Efraín.

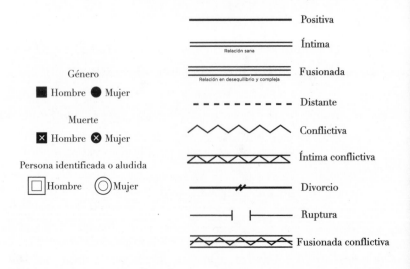

GENOGRAMA

TIPOS DE RELACIONES EN EL SISTEMA FAMILIAR

GENOGRAMA DE JOSÉ EN EL ANTIGUO TESTAMENTO

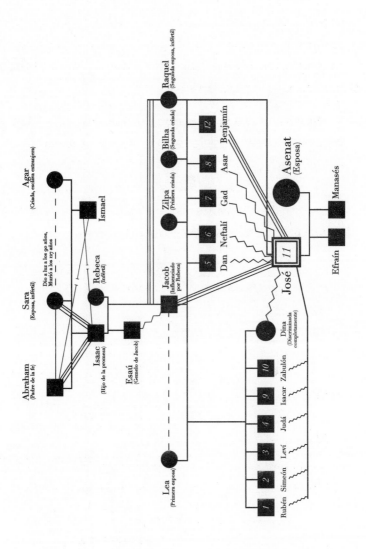

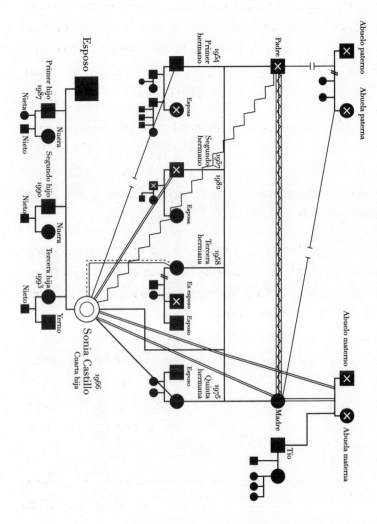

GENOGRAMA DE SONIA LUNA

COMPLEJOS DE LA INFANCIA Y LO QUE AHORA SE LLAMA *BULLYING*

Recuerdo que cuando fui niña mis padres nunca hicieron comentarios de comparación entre mis hermanos y yo. Siempre me brindaron su afecto y esto fortaleció mi confianza. Sin embargo, cometí mucho el error de compararme con mi hermana Diana, muy guapa ella en comparación a mí y un referente de lo que yo también quería ser.

Me llevaba bien con todos mis hermanos. Nos hacíamos bromas y nos reíamos, pero la forma de hacerlo de cada uno era diferente y me afectó particularmente la de mi hermana mayor, pues cuando se enojaba conmigo me decía que yo era "la recogida" de mis padres.

Este tipo de acoso no se limitaba a mi hogar y era peor en el colegio. Muchas veces he contado que de niña yo era gordita y, por si fuera poco, padecí de las amígdalas y tomé antibióticos que afectaron el esmalte de mis dientes y los oscurecieron. Fue así como a pesar del amor que recibí en casa experimenté problemas relacionados con mi identidad cuando mis compañeros del colegio me ponían apodos burlándose de mi físico. Esa fue la primera vez que tomé consciencia de lo que es sentirse mal con uno mismo a causa de nuestra apariencia.

Lo que ahora llamamos *bullying* no tenía un nombre cuando yo era niña, pero ha existido desde siempre. Si tú has sufrido de este tipo de maltrato psicológico, no creas que es algo nuevo y —aunque ellos no te lo cuenten— no dudes que es probable que lo sufrieran también tus padres y tus abuelos.

En mi caso, este tipo de maltrato me afectó sin darme cuenta y de tal modo que empecé a creer que toda mi vida sería igual. En aquel entonces no sabía lo que era un complejo y mucho menos que podría estar adquiriendo un concepto erróneo de mí misma sin darme cuenta.

A pesar de esto, recuerdo que siempre traté de desenvolverme lo mejor posible en el colegio. Aunque sufría por la forma en la que la gente me miraba, trataba de guardarme esa tristeza y no demostrarla (muchos años después me di cuenta de que esto provocaría un desgaste emocional que repercutiría en mi salud). Nunca fui rencorosa y, más bien, fui bastante amiguera. Recuerdo que iba mucho al río, hacía tiro al blanco, jugaba pelota y, en general, desarrollaba actividades poco comunes para niñas de mi edad que generalmente solo llevaban a cabo los niños.

Durante todo este proceso mis padres siempre estuvieron pendientes de mí. Me preguntaban cómo me iba en la escuela y quiénes eran mis amistades. Mi mamá asistió a todas las actividades escolares, nunca mandó a alguien más a recoger mis calificaciones y esto me motivó a participar en deportes, aprender idiomas y participar en otras actividades extracurriculares. A pesar del *bullying* que sufría en el colegio, la presencia de mis padres me ayudó a ser emocionalmente estable. Mi mamá y yo mantuvimos una comunicación estrecha, me enseñó modales y a seguir reglas, a ser disciplinada y, sobre todo, a valorarme como mujer.

A pesar del
bullying que
sufría en el colegio,
la presencia de
mis padres me
ayudó a ser
emocionalmente
estable.

SI ESTÁS PASANDO POR *BULLYING,* TE ACONSEJO QUE...

+ No te sientas sola. El papel de tus padres o de un familiar cercano es crucial para exteriorizar lo que te pasa. Ellos te darán todo el ánimo y la confianza que necesitas en estos momentos. Mi madre fue crucial para cuando pasé por esta situación.

+ No te quedes callada. Denuncia el problema a tus profesores y/o autoridades escolares para que sean ellos quienes tomen las medidas que sean necesarias.

+ No tomes venganza. Lo menos inteligente que puedes hacer es rebajarte a actuar como los agresores y tomar la justicia por tu propia mano. Deja que sean las autoridades competentes las que se encarguen de impartir justicia.

SI ERES MAMÁ DE UN NIÑO QUE ESTÁ PASANDO POR ESTE SUFRIMIENTO...

+ Aunque a simple vista no haya indicios de *bullying,* siempre presta atención al estado anímico de tu hijo o hija y mantente pendiente de su entorno. Involúcrate más, pero ten cuidado de respetar su intimidad.

+ De ninguna manera normalices el problema ni le restes importancia, pero tampoco dramatices la situación ni le hagas sentir vergüenza. Hazle saber que pase lo que pase estás de su lado y que es algo que podrán resolver juntos con comunicación.

- Fomenta los pensamientos positivos y trabaja en sus habilidades comunicativas para que su autoestima, su inteligencia emocional y su asertividad crezcan, de tal forma que el niño o adolescente aprenda a manifestar de forma correcta sus opiniones y emociones.

- Dirígete a la escuela y exponles seriamente la gravedad de la situación. No obstante, controla tu temperamento y asegúrate de no avergonzar a tu hijo o hija ante sus compañeros y/o autoridades escolares. En la medida de lo posible procura llevar a cabo este paso cuando él o ella no esté presente.

- Anímalo a tener la mente ocupada en otras actividades extraescolares como algún deporte en equipo, clases de teatro, pintura o música, entre otras; para que pueda crear nuevas relaciones sociales y descubrir otras aficiones.

PREGUNTAS DE REFLEXIÓN

1. ¿Sufriste de *bullying* cuando pequeña, cuando joven o ahora mismo?

2. ¿Has podido sobreponerte o entiendes que mucha de tu conducta y/o la imagen de ti misma responde a esas experiencias? ¿Entiendes que el *bullying* afectó o afecta tu identidad?

5

PRIMERO
SOY HIJA

Sé que a veces puede resultar odioso comparar el presente con épocas pasadas, ya que cada una tiene sus propias ventajas y desventajas. Pero si algo puedo recordar de mi infancia y juventud es que antes era muy, pero muy raro escuchar sobre niñas u adolescentes casadas o iniciadas en la vida sexual; y peor todavía, siendo ellas tan jóvenes. Esto ya no resulta nada raro en estos tiempos.

Según el censo nacional llevado a cabo en Guatemala en 2018, el 52% de los habitantes del país son mujeres. De ellas, la mitad tiene entre 0 y 24 años. En cuanto a las que son madres, la edad promedio en que tuvieron su primer hijo fue a los 19 años. Como puedes ver, hasta ahora no hay nada alarmante en estas estadísticas, excepto esta triste realidad: seis madres de cada diez son solteras.

Estas cifras abonan a los estudios que indican que América Latina es la región con el número más alto de niños nacidos fuera del matrimonio, es decir, de madres solteras. Las mujeres tienen su primer hijo antes de la edad de 20 años.[2] Si seguimos esta realidad más allá de nuestros países cercanos, en Estados Unidos hay 1.19 millones de familias hispanas integradas por madres solteras.

Sé que en este punto muchos me podrán decir: "Eso no importa porque toda mujer puede ser autosuficiente", claro, por supuesto; sin embargo, a estas estadísticas habría que sumarle datos mucho más alarmantes y desalentadores.

Según una investigación publicada en *Prensa Libre* de Guatemala el 19 de septiembre de 2019, casi un millón de niñas y adolescentes en mi país son madres. "Aunque está tipificado como delito, en el país hay 82 mil 201 mujeres que tuvieron un hijo antes de cumplir los 15 años", reza el encabezado.

Todavía hay más: para la legislación de Guatemala una persona es mayor de edad a partir de los 18 años, sin embargo, mantener relaciones sexuales con un menor únicamente cuenta como delito si este tiene 14 años o menos. Esto quiere decir que la pedofilia solo es parcialmente penalizada por la ley.

---

2. Consultas en línea: statista.com; npr.org.

Una mujer que
desde niña es capaz
de sentirse amada como
hija tiene mayores
posibilidades de
llegar a desempeñar
con seguridad cualquier
otro rol de vida, ya sea
el de madre, esposa,
líder o profesional.

Independientemente del trasfondo legal que ampara estas prácticas, pienso también en la importancia de mantener en el hogar un entorno saludable donde cada mujer pueda sentir la enorme dicha de ser hija. Primero hija antes que mujer. Primero hija antes que estudiante. Primero hija antes que profesional. Primero hija antes que novia o esposa. Primero hija antes que madre. Y hago hincapié en esto porque una mujer que desde niña es capaz de sentirse amada como hija tiene mayores posibilidades de llegar a desempeñar con seguridad cualquier otro rol de vida, ya sea el de madre, esposa, líder o profesional.

Desde luego, con esto tampoco quiero decir que todos los demás roles de vida no son importantes porque claro que lo son y cada uno tiene sus desafíos. Pero si me lo preguntas a mí no tendría duda al responderte que primero soy hija; después, esposa; luego, madre; y por último, una profesional. Aun hoy, a mis 54 años, casi 36 años de casada, tres hijos y hasta nietos, el rol que sigue predominando en mi identidad es el de hija y esto es algo que ha determinado quién soy hoy. Si un padre o una madre le demuestra a su hija desde pequeña cuán valiosa es, ella lo tendrá presente para toda su vida y ante cualquier persona o circunstancia.

Ahora bien, sé que muchas personas, tanto hombres como mujeres, no tuvieron la oportunidad de tener un padre o una madre. Sin embargo, quiero que sepas que Dios también es nuestro Padre Celestial y nos ama sin condiciones. En Él podemos encontrar con creces el amor que nunca hemos recibido en el mundo, el amor más puro y honesto, porque

Si un padre o
una madre le
demuestra a su hija
desde pequeña cuán
valiosa es, ella lo
tendrá presente
para toda su vida y
ante cualquier persona
o circunstancia.

nos ve como verdaderamente somos y no como nosotros o alguien más puede vernos.

LA NIÑEZ CONFRONTADA

Muchas veces no comprendemos lo que sucede en nuestra vida hasta que somos confrontados con ese niño herido que alguna vez fuimos. Recuerda que cuando yo era niña, a pesar de que trataba de demostrar una personalidad muy segura de mí misma ante los demás, pasé años guardándome muchas cosas negativas, ya fuera por las burlas que recibía en colegio o por las comparaciones que yo misma hacía con mi hermana mayor. Cosas que, según yo, ya habían quedado en el pasado.

Hace un par de años tuve problemas digestivos y visité a una doctora especialista en homeopatía. Fue una cita médica bastante extraña. Recuerdo que tenía que hacer preparativos de última hora para tomar un vuelo al extranjero al día siguiente, por lo que le pedí a la doctora con urgencia que me atendiera, aunque fuera por teléfono.

Sin embargo, ella me dijo que no. Me hizo ir a su clínica argumentando que necesitaba verme y escuchar de frente lo que me sucedía. Aunque sabía que era una emergencia y se me complicaba llegar, me insistió tanto para que llegara, que no me quedó de otra que subirme al carro y manejar a toda prisa hasta su clínica, con el riesgo de atrasar los preparativos de mi viaje. ¿Pero qué crees que pasó?

En una cita médica anterior que tuve con ella, pero que se alargó hasta convertirse en una conversación casual, yo le había compartido muchas experiencias que viví desde niña, sobre todo algunos miedos de infancia. Pues resulta que ahora, de vuelta en su clínica, ella sacó una hoja en blanco donde comenzó a dibujar un iceberg, el cual dividió en dos partes: la parte que sale a la superficie y la otra que se mantiene debajo del agua.

METÁFORA DEL ICEBERG (SIGMUND FREUD)

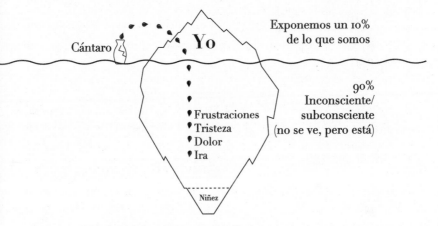

"Tanto va el cántaro al agua, que se rompe".

La parte que sale es la más pequeña —"el 10% de lo que somos", dijo ella— representa la conciencia y nuestra conducta racional, o sea, todo lo que sentimos y vivimos en el presente. El otro 90% queda oculto abajo del agua y corresponde al subconsciente. Mientras ella seguía dibujando, yo pensaba: "¡No puede ser que a estas alturas de mi vida, siendo yo una mujer querida por mi círculo cercano, con una familia normal y un trabajo estable, esta doctora quiera darme una clase de psicología que yo no le he pedido! ¡Pero si lo único que yo quiero es que me dé algo para que mi digestión esté bien!"

Sin embargo, fui paciente para ver qué me tenía que decir, hasta que dijo: "Tanto va el cántaro al agua, que se rompe". Cuando le pregunté qué tenía que decirme con este dicho tan guatemalteco, ella me respondió que son tantas las experiencias negativas que con el pasar de los años se van acumulando en nuestro subconsciente —frustración, tristeza, dolor, ira, miedo—, que llega un punto en el que todo explota, dañando colateralmente nuestra salud.

Yo seguía pensando que era muy interesante lo que me decía, pero eso tampoco era suficiente para curar mi malestar digestivo. Sin embargo, sus palabras me hicieron reflexionar de verdad cuando, luego de analizar todo lo que yo le había contado durante la última sesión que habíamos tenido, me reveló que mucho de lo que hoy me afectaba en mi salud física se debía a una obsesión que siempre tuve desde niña de ser "salvadora". "¿Cómo así?", le pregunté.

La doctora prosiguió: "La base del iceberg corresponde al subconsciente de esa niña salvadora que usted siempre quiso ser y aun hoy sigue queriendo ser". Cuando me reveló esto, me impactó de tal manera que ya no me preocupé por el tiempo ni por el viaje al día siguiente. Me explicó que adoptar este rol de salvadora implicaba mantener una posición donde siempre deseaba ser el escudo de alguien más ante sus propios problemas. Y claro, esto me hizo mucho sentido cuando recordé mis días de la infancia donde, a pesar de ser una de las menores, siempre velé por el bienestar de mis padres, no solo individual, sino también de su matrimonio.

"Su mala digestión se debe a su problema con las emociones", continuó diciendo. "¿Qué la afecta tanto, Sonia?". Mi problema digestivo, quise decir, pero antes de que yo siquiera intentara responderle, ella se adelantó a contestarme: "De alguna forma usted aún se siente responsable del problema de alcoholismo de su papá y de la muerte de su hermano. Además, durante mucho tiempo adoptó el papel de salvadora para restaurar el matrimonio de sus papás y para que ellos se acercaran a Dios; y por si fuera poco, ahora su trabajo consiste en orar e interceder por otras personas necesitadas. ¿Se da cuenta, Sonia? Ha pasado toda su vida queriendo salvar a los demás en vez de preocuparse por usted misma".

Yo me quedé helada. La doctora continuó: "Así que tal vez le parezca extraño lo que le voy a decir, Sonia, pero definitivamente le tendré que pedir que se ame a usted misma. Por favor, equilibre su vida". Le pregunté si eso era todo, y me dijo que sí. ¿Jarabes, medicamentos, reposo? Nada. Solo que equilibrara mi vida a partir del momento en que saliera por la puerta de su clínica.

Salí de allí sintiéndome muy confrontada. Me di cuenta de que la doctora podría tener razón. Por eso en cuanto regresé a casa me puse a investigar más acerca de este tema con artículos médicos y amigas especialistas en psicología. Fue así como descubrí que los traumas que yo sufrí desde niña —a pesar de mi aparente seguridad frente a todo el mundo— quise compensarlos protegiendo a otras personas. Solo hasta ese momento descubrí que en realidad siempre me sentí desprotegida a pesar del amor que recibí de mi familia. De una u otra forma, pasé toda mi vida buscando compensar esa falta de protección con mi obsesión por proteger a los demás.

Llegué a la conclusión de que no podía seguir tomando un papel que no me corresponde. Hasta llegué a decirme a mí misma: "¡Pero qué bruta he sido todo este tiempo!" Recordé a muchas personas y situaciones de mi vida relacionadas al trabajo, a mi esposo, a los pastores del ministerio, a mis hijos y hasta a mis nietos. Quizás, sin menospreciar el amor que les tengo a todos ellos, pude darme cuenta de que muchas veces les entregué mi protección al precio de mi propio bienestar.

Por otra parte, esto me demostró lo transcendental que puede ser la niñez en la vida, no solo de una mujer, sino de cualquier persona. Me hizo ver hasta dónde pueden trascender los efectos colaterales de una buena o mala infancia. Pero nuevamente me aferré a la Palabra de Dios que dice que Él puede restaurar todas las áreas de nuestra vida porque se perfecciona en nuestras debilidades.

PREGUNTAS DE REFLEXIÓN

1. ¿Recuerdas incidentes o condiciones de tu niñez que podrían relacionarse con padecimientos físicos o emocionales que tengas actualmente?

2. ¿Cómo has pensado que esas circunstancias podrían estarte afectando ahora?

6

UN VASO DE HONRA

Durante la pubertad suceden los principales cambios biológicos, sexuales, sociales y psicológicos en los seres humanos. Según la Organización Mundial de la Salud, la adolescencia abarca el período entre los 10 y los 19 años de edad, aunque hay quienes afirman que entra en la adultez de forma gradual, extendiéndose hasta los 24. Es en esta etapa donde empieza a manifestarse la madurez social de un individuo y se prueban distintos modelos de pertenencia y de comunidad.

En aquella etapa crecí de estatura, pero seguía lidiando con sobrepeso. Mi madre siempre procuró que me sintiera

Solo cuando
dimensionamos
lo valiosas que
somos para Dios es
cuando empezamos
a notar el buen o mal
concepto que teníamos
de nosotras mismas.

cómoda conmigo misma. Confeccionó ropa apropiada para mi figura y empezó a tener más control sobre lo que yo comía. De repente mi dieta alta en calorías fue reemplazada por alimentos más saludables. También empecé a practicar deportes y gracias a mi altura me pude integrar en equipos de básquetbol y voleibol.

Durante esta etapa fue cuando conocí a Dios y acepté a Cristo como mi Salvador, experiencia que te relataré más adelante. Esto hizo que todo empezara a tener sentido. Solo cuando dimensionamos lo valiosas que somos para Dios es cuando empezamos a notar el buen o mal concepto que teníamos de nosotras mismas. Romanos 12:3 dice:

> *Digo, pues, por la gracia que me es dada, a cada cual que está entre vosotros, que no tenga más alto concepto de sí que el que debe tener, sino que piense de sí con cordura, conforme a la medida de fe que Dios repartió a cada uno.*

———

Dios siempre ha demostrado amor por todos Sus hijos sin hacer excepción de personas y nos motiva a hacer lo mismo. Siempre que estemos confundidos podremos contar con Él y nos mostrará una salida.

Cuando una persona tiene un concepto muy bajo de sí misma se le suele motivar para que lo nivele. Lo mismo sucede cuando tiene un concepto muy alto: se le motiva a equilibrarlo. Sin embargo, a veces hay personas que no tienen ni uno ni otro. Es entonces cuando hay que motivarlas a descubrir por sí mismas quiénes son y que no venga alguien más a decírselo o hacérselo creer.

Un ejemplo de ello es Víctor, de quien te quiero compartir su testimonio.

UN VASO DE HONRA: EL TESTIMONIO DE VÍCTOR

Víctor nació en El Salvador y allí tuvo una niñez tranquila. Creció en un hogar disfuncional donde tenía tres hermanos mayores de parte de madre y una hermana menor de parte de ambos padres.

Su padre se desaparecía durante largas temporadas porque trabajaba lejos. Además, era alcohólico. Su esposa —la madre de Víctor— lo descubrió cometiendo muchas infidelidades hasta que un día decidió separarse de él y salir a trabajar por su cuenta para criar a sus hijos. Esto provocó que Víctor y su hermana menor se criaran prácticamente solos, sin la supervisión de un adulto. Aunque tenían muchas carencias económicas eran felices a su manera.

Víctor experimentó el rechazo y el abandono de su padre. Su madre trabajaba lavando y planchando para una familia. Cuando regresaba a casa, ellos la esperaban con ansias. Él recuerda que les llevaba comida en bolsitas plásticas; la comida que había sobrado en la casa donde trabajaba. Para ellos era emocionante esperar la "sorpresa" del menú.

Durante su adolescencia, Víctor estaba muy conforme con la vida que tenía. No tenía aspiraciones ni veía el mundo más allá de sus narices. No recuerda haber tenido sueños, estaba en una zona de comodidad y eso lo veía normal. Sin embargo, le importaba mucho lo que su madre y los demás pensaran de él.

Era un muchacho muy tranquilo, de complexión menuda y delgada. Aunque sus amigos lo incitaban a fumar y a beber, Víctor siempre rechazó todo este tipo de invitaciones. Tampoco le gustaba que le dijeran lo que tenía que hacer y, por lo mismo, empezó a convertirse en objeto de abuso verbal y físico de sus amigos. Él nunca intentó defenderse, pues sabía que no podría lograr nada y muchas veces los abusos se convirtieron en palizas severas. Además de ser pobre, no vestía como ellos, con ropa y calzado de alta calidad y objetos de marca. Esto lo acomplejó y lo hizo sentirse inferior.

UN CORAZÓN ENDURECIDO

Con el paso del tiempo Víctor fue endureciendo su corazón. Empezó a actuar a la defensiva y todos notaron un cambio considerable en su forma de ser. Sentía una necesidad enorme de venganza. Atravesaba la pubertad cuando un amigo de su hermano empezó a asediarlo. En una ocasión lo invitó a su casa, donde lo encerró para abusar sexualmente de él. Víctor tenía doce años en ese entonces.

Este tipo lo amenazó con contarle a su madre si llegaba a decir algo. Fue tal el abuso, la posesión y el control de su mente, que Víctor se convirtió en un monigote para cumplir los deseos que él le demandaba. Hubo una ocasión, incluso, en que ya no solo lo satisfizo a él, sino a varios hombres en la misma casa. Llegó a sentirse muy sucio y utilizado. Se empezó a anidar en él un sentimiento de rencor hacia las personas y, en especial, hacia los hombres. Además, seguía aumentando su sed de venganza.

Cuando Víctor creció empezó a destruir relaciones de noviazgo, involucrándose incluso entre relaciones que parecían sólidas; todo esto con el único afán de destruir matrimonios y arruinar la reputación de los hombres que lograba atraer. Víctor sentía cierta satisfacción al hacerlo, por lo que adoptó una máscara de insensibilidad. Esto sin pensar que quien se destruía poco a poco era él mismo.

Cuando fue niño siempre se imaginó estudiando y graduándose; comprando una casa y teniendo una familia normal. Sin embargo, todo lo que pasó durante los ocho años de su adolescencia definió lo que él llegó a creer como "su futuro". Hasta esa edad Víctor se había convertido en una persona sumisa, temerosa, complaciente y, a la vez, su corazón se seguía endureciendo. Ya no era capaz de sentir empatía por nadie.

Además, se convirtió en una persona racista, clasista y orgullosa. Cambió su manera de vestir, provocando despertar el interés de quienes estaban a su alrededor. Y aunque todo esto lo había desfigurado, en su interior todavía se vivía haciendo una pregunta: "¿Será que algún día conoceré el amor verdadero?". Hasta entonces todas sus relaciones habían sido para complacer las demandas de otros, mientras que otras fueron por venganza. Sin embargo, deseaba experimentar el amor en una relación normal.

Su madre murió y Víctor por primera vez tuvo que vivir solo y trabajar como estilista. Conoció gente nueva y empezó a recibir elogios y reconocimientos por su buen trabajo. Lo aceptaron tal como era y su imagen misteriosa y atrevida provocaba interés. Esto hizo que aumentara su ego. Por primera vez tuvo un sueño y era irse a otro lugar, comenzar de cero y mejorar profesional y económicamente.

DIOS SE ACERCA

En una ocasión escuchó en un programa de radio una prédica del pastor Cash Luna. Con curiosidad esperó escucharlo en una próxima ocasión, y así lo siguió escuchando. Fue entonces cuando por primera vez sintió que Dios intervenía en su vida, pero pronto se olvidó completamente del asunto.

Los meses pasaron y en una ocasión recibió una invitación para trabajar en Guatemala. Víctor decidió emigrar y se estableció con mucho entusiasmo. En este lugar de trabajo atendía a muchas mujeres como estilista y entre ellas me conoció a mí. Se sorprendió cuando le dije que yo era la esposa del pastor Cash.

Un día invité a Víctor a asistir a Hechos 29, un congreso anual de la iglesia Casa de Dios. El estilista asistió con mucho entusiasmo y en ese lugar el Señor le habló. Víctor pronto reconoció a Dios como un Padre amoroso y decidió comenzar una nueva vida, aceptando a Jesús en su corazón.

Pasó el tiempo y Víctor conoció en Casa de Dios a quien ahora es su esposa. No todo fue fácil en su matrimonio. Él tuvo que lidiar con los fantasmas de su pasado y, aunque tenía un buen matrimonio, muchas veces sus pensamientos lo traicionaban. Esta situación no fue nada fácil para él y su esposa, una mujer sensata que tuvo la paciencia y la sabiduría para darle a Víctor el tiempo que necesitaba para librarse de su pasado.

Después de trece años de matrimonio y dos hijos, Víctor recibió una noticia devastadora: unos exámenes indicaron que estaba contagiado con VIH. Él sabía que esto era consecuencia de su pasado, pero hoy en día sabe que tiene una nueva oportunidad y está en tratamiento. Encontró el apoyo profesional de médicos, pero también el apoyo moral de mi persona, de la iglesia y, sobre todo, de su esposa.

EL VASO LLENO DE AMOR

A la fecha en que recojo este testimonio, Víctor se ve a sí mismo como un vaso de misericordia, como los vasos que se exponen en las plazas públicas después de haber sido restaurados, para que la gente pueda beber de ellos.

Creció con un padre despreocupado de lo que le ocurría y pasó mucho tiempo lleno de odio y deseo de venganza. Sin embargo, ahora vive agradecido con el Señor por poder compartir testimonios de amor y misericordia como este. Admite

Somos instrumentos
restaurados de Dios,
llenos de Su Espíritu
Santo, para llenar a
quienes nos rodean.

que Dios ha estado con él en todas las etapas de su vida, pues de lo contrario, no hubiese soportado todo el infierno que vivió en su juventud.

Víctor asegura que ahora sí ha encontrado el verdadero amor. Su esposa lo ama, lo apoya y lo admira. Ella ha prometido estar con él siempre. A ellos le quedan muchos años por delante y mientras tengan vida testificarán del poder de Dios como una familia agradecida. Saben que el Señor es experto en, según palabras de Víctor, "convertir lo más vil en un vaso de honra".

———

La conclusión más importante que podemos sacar del testimonio de Víctor es que con la ayuda de Dios podemos lidiar con fantasmas del pasado y renovar nuestros pensamientos.

Eso no significa que nuestra vida esté resuelta desde que conocemos a Jesús; tampoco significa que tarde o temprano no vayamos a enfrentar las secuelas de nuestro pasado. Sin embargo, si este fuera el caso, Cristo nos dará las fuerzas que no tendríamos si no lo hubiéramos aceptado como nuestro Señor. Una cosa es enfrentar un problema como persona que no tiene a Cristo en su corazón y otra muy distinta es enfrentarlo como alguien que lo ve como su Salvador.

Además, el hecho de que Víctor tenga un concepto justo de sí mismo y se vea como un vaso de honra ejemplifica lo valiosos que somos para contener hasta el líquido más preciado. Somos instrumentos restaurados de Dios, llenos de Su Espíritu Santo, para llenar a quienes nos rodean.

PREGUNTAS DE REFLEXIÓN

1. El concepto que tienes de ti mismo, ¿cómo notas que afecta tu identidad?

2. Cuando lees el testimonio de Víctor, ¿qué concluyes de lo que Dios puede hacer por ti?

7

DESTRUCCIÓN DE LA ALTA COSTURA

Así como la iglesia fue influenciando mi identidad, muchos jóvenes creen encontrarla en los círculos donde se promueven los vicios y la violencia. A esto podríamos sumar el papel que juega la gran mayoría de los medios de comunicación, que constantemente moldean la psique adolescente, dado que usualmente carece de la madurez necesaria para resolver por sí misma las presiones o las expectativas de la vida.

Mi madre era confeccionista y recuerdo que cuando me enseñó a coser y a confeccionar ropa, una de las cosas que ella decía es que toda costura y acabado debían ser limpios. Esto significa hacer una costura en forma de zigzag en las orillas para que no se deshile. También me enseñó que en la alta costura uno no puede usar variedad de telas en una misma pieza porque, al no ser de la misma composición, literalmente una de las dos, tarde o temprano, se desgarraría o descosería.

Por ejemplo, ella hace énfasis en la importancia de no mezclar lana con tela de seda o una tela de material duro de lona o mezclilla con un lino fino. Además, me enseñó que cada tela tiene su dirección de hilo y que no deberían hacerse los cortes como fuera o basados en el tamaño del rollo, sino de acuerdo con la dirección del hilo en la tela, pues de lo contrario la pieza saldría torcida y el trabajo no se vería profesional. Por último, me enseñó que toda la confección de ropa tiene una razón de ser para que sea de alta costura.

Sin embargo, ¿qué sucede ahora con la moda? Lo que encontramos en la ropa son piezas que tienen diferentes tipos de telas, acabados rotos o descosidos, diferentes tipos de botones y hasta telas desteñidas. Cada vez es más común encontrar prendas de ropa que tengan dos o más estilos diferentes en una misma pieza. Sé que muchos ven esto como algo auténtico o hasta vanguardista, pero más bien es un ejemplo de cómo se podrían destruir los modelos originales.

Lo que quiero decir con esta analogía de la "destrucción" de la alta costura es que todo trabaja en conjunto para destruir el diseño original de Dios, aunque esto afecte la calidad de una prenda de ropa.

Pero antes de continuar quiero hacerte una aclaración: "mezcla de telas" no es lo mismo que "mezcla de colores". Son

Independientemente
de nuestro color de
piel, cultura o raza,
somos del mismo
material humano que
está hecho a imagen
y semejanza del
Creador.

dos ideas diferentes. O sea que, aunque la alta costura no debería hacer mezcla de materiales, una prenda de un mismo material sí puede combinar con otros colores. Por lo tanto, de ninguna manera podemos usar esta alegoría sobre la alta costura para justificar el racismo o la xenofobia.

Este es un tema muy amplio que me gustaría abordar un poco más a fondo en otro libro, tratando de exponer desde mi punto de vista cómo este tipo de odios, prejuicios y rencores ha afectado enormemente la identidad de las personas en todos los lugares y en todas las épocas. Sin embargo, lo que quiero adelantar ahora mismo es que todos, independientemente de nuestro color de piel, cultura o raza, somos del mismo material humano que está hecho a imagen y semejanza del Creador. No hay excepciones en ese sentido: todos somos amados por Él.

Aclarado este punto, volvamos al tema de la confección. Los ejemplos que vemos en las pasarelas de moda en la actualidad (estoy escribiendo estas palabras en el año 2020) son de tendencias y modas sostenibles, lo que significa que son estilos que quedan plasmados de forma continua durante un determinado período de tiempo. La palabra final siempre la tendrá el público. Un diseñador puede proponer ideas en sus atuendos, pero si el público no las emplea y no se vuelven populares entre la gente, estas ideas no sobresalen.

Antes solamente encontrábamos referentes de estilo en las personas relevantes que aparecían en los medios de comunicación. En la actualidad, Internet (y particularmente redes sociales como Instagram) facilita el hecho de que los referentes de estilo ya no sean las personas famosas, sino la gente normal. Al igual que el resto de las manifestaciones artísticas, la moda se ve inspirada en muchas ocasiones por las dificultades y retos de cada momento histórico.

Si bien algunos años atrás se reclamaba una mayor diversidad racial en la industria, ahora el foco se sitúa indudablemente sobre la cuestión del género. La moda es un sector responsable de la mayoría de los estereotipos sobre la imagen.

Sin embargo, ahora la alta costura busca crear obras de arte a través de la ropa aunque se salga de lo convencional. Yo lo veo como una forma más de sobrepasar los límites en todos los sentidos, en donde lo que antes se veía elegante, visualmente agradable y elaborado bajo los principios básicos de patronaje, diseño y confección; ahora resulta que es "anticuado" y "fuera de sentido". Esto ocurre precisamente por el hecho de la gran competencia y muchas marcas incluso han perdido la línea de elegancia que traían a través de los años con el fin de encajar en las nuevas tendencias.

LA CONFIGURACIÓN PERFECTA DE DIOS

Del mismo modo funciona nuestra vida. Todo tiene un orden en la confección ideal y está en la perfecta configuración que Dios nos dio. Por eso quisiera que reflexionaras por un momento si en realidad vale la pena destruir la composición original de nuestro ser tan solo por apegarnos a una moda pasajera, por dejarnos influenciar por los medios de comunicación y las redes sociales o simplemente por querer

Todo tiene un
orden en la
confección ideal
y está en la perfecta
configuración
que Dios nos dio.

parecer alguien "cool"; pues, a fin de cuentas, las modas siempre pasan.

Déjame decirte que con esto me refiero a un asunto mucho más complejo que elegir entre una blusa escotada o un vestido de cuello alto; entre una falda holgada o un pantalón ajustado.

Cuando hablamos de cambiar la configuración original que Dios nos dio hablamos de todo lo que nos hace actuar antinatural; pero, aún más que eso, adoptar estas formas como parte de nuestra vida y nuestra identidad.

Como te dije antes, no busco persuadir y mucho menos criticar a las personas. Esto incluye a algunos grupos y comunidades a quienes también respeto y aprecio como hermanos (y te pido a ti que antes de criticarlos también puedas amarlos como lo que son: personas creadas y amadas por Dios), siempre he considerado antinaturales las conductas o inclinaciones que no se apeguen a ese plan original y perfecto creado por nuestro Padre.

Por ejemplo, hasta ahora no he terminado de entender qué es lo que motiva a una mujer a practicarse un aborto aun sabiendo que lleva una vida dentro de ella; o qué es lo que hace que dos personas del mismo sexo puedan sostener prácticas sexuales y relaciones sentimentales.

Sin embargo, con esto no quisiera que se malentendiera mi punto. No es mi afán señalarlos o decirles que no están en lo correcto, sino exponer por qué razón me es imposible comprender del todo sus razones, pues la configuración que Dios nos dio ya es perfecta en sí misma. No le hace falta nada. Es un verdadero milagro que demuestra Su existencia.

PREGUNTAS DE REFLEXIÓN

1. ¿Cómo te ves confeccionada en la perfección de Dios?

2. Enumera las cualidades con las que piensas que Dios te configuró.

8

¿CÓMO Y CUÁNDO LLEGA LA PERSONA INDICADA?

En la secundaria, antes de conocer a quien ahora es mi esposo, conocí a varios jóvenes que me parecieron guapos. Te quiero compartir mi experiencia y lo que aprendí de tres relaciones con jóvenes de distinta personalidad.

LA PRIMERA ATRACCIÓN

El primero de ellos me gustaba tanto que me enamoré ilusionadamente de él, sin embargo, nunca le llegué a hablar. Solo lo miraba y decía para mí misma "Qué guapo" y la música romántica me hacía suspirar. En los cuadernos de estudios dibujaba corazones y escribía su nombre.

Él nunca se enteró de que a mí me interesaba y ni siquiera llegamos a tener una relación de amistad. Cuando quería hablarle, rápidamente pensaba: "Pero ¿cómo? Él es tan guapo y popular que no vale la pena que yo me esfuerce en hablarle. No se va a interesar en mí porque soy gorda y fea". ¿Recuerdas que en un capítulo anterior hablamos de la diferencia entre quién soy y cómo me veo? Pues esa era la percepción errónea que entonces tenía de mí misma.

Ahora estoy segura de que por culpa de eso perdí la oportunidad de hablarle, conocerlo más y entablar, por lo menos, una bonita amistad. Es cierto: no puedo asegurar que se hubiera convertido en mi novio, pero con lo amable que él era con todos a su alrededor, la única que se privó de su amistad por culpa de su auto rechazo fui yo.

Esto me dejó una gran lección: en la vida, excepto por el inigualable amor de Dios, nada puede ser perfecto. No todo puede suceder como nosotros quisiéramos. Por culpa de mis inseguridades, y por fijarme en este muchacho solo como novio y no como amigo, me perdí de lo que seguramente hubiera sido una bonita relación de amistad.

A los 14 años empecé a bajar de peso, pero aun así no me consideraba bonita por tener oscuros los dientes debido a la ingesta de antibióticos que ya relaté antes.

PRIMER NOVIO Y AMISTAD FAMILIAR

Más adelante conocí a otro joven con quien tuve una relación de amistad, no solo con él, sino también con sus hermanas y hermanos. De hecho, su hermana menor llegó a ser mi mejor amiga en esa época. Todos pasábamos mucho tiempo juntos practicando juegos de mesa hasta que una noche fuimos a una fiesta donde él me pidió ser su novia y yo le respondí que sí. Se podría decir, por lo tanto, que él fue mi primer novio.

Sin embargo, ambos éramos muy jóvenes e inmaduros y esa relación de noviazgo duró muy poco (apenas unos cuantos meses), pero lo suficiente para experimentar y aprender por primera vez que el corazón también puede ser lastimado por la nostalgia.

No puedo negar que fue agradable mientras duró. Su familia era muy alegre, carismática y mantenía muy buena relación con mis padres. De hecho, lo que más me dolió fue que se separaran nuestras familias. En aquella época ellos se fueron de Guatemala porque al padre le surgió una oportunidad laboral en el extranjero como médico cirujano, de esas que solo llegan una vez en la vida. No había forma de detener el curso de las cosas. Además, hubiera sido muy egoísta de mi parte querer retenerlos.

Esa experiencia hizo que mi corazón se cerrara a la idea de volver a tener novio. Fue en esa época cuando empecé a jugar voleibol y vi por primera vez a Cash, mi amado esposo, en un campeonato juvenil nacional de voleibol en Retalhuleu, pero sin conocerle —ni siquiera su nombre sabía— ni entablar una relación. Lo único que recuerdo haber pensado sobre él es: "Wow, qué bien juega voleibol ese chinito".

Pero eso fue todo lo relacionado a Cash por el momento. Después fui a California, Estados Unidos, donde estudié en la escuela secundaria Vanden. Luego regresé a Guatemala, arreglé parcialmente mi dentadura e inicié estudios en un colegio bilingüe. Fue solo hasta entonces cuando empecé a asistir a la iglesia cristiana.

EL INTENTO FALLIDO

Fue tras mi regreso de Estados Unidos cuando conocí a un joven que me gustaba. Él era deportista, pero mi corazón aún no estaba sano de la tristeza que me había provocado la separación anterior. Le pedí a Dios que me ayudara a corresponderle bien a este nuevo muchacho y a él le pedí paciencia por lo que me había pasado antes.

Mientras que él seguía siendo muy atento y detallista me sinceré con él, explicándole la situación por la que estaba pasando. Llegó un punto en el que me di cuenta del daño emocional que yo le estaba provocando con la espera y eso me hizo sentir peor.

En este punto aprendí que cuando se ama también hay que amar con la cabeza y no solo con el corazón. De esta forma uno se resguarda de depresiones o desilusiones que no solo nos afectan a nosotros mismos, sino que también podrían llegar a hacerle un daño grande e injusto a otras personas que están a nuestro alrededor o que intentan acercarse a nosotros.

Cuando se ama,
también hay que
amar con la
cabeza y no solo
con el corazón.

A partir de ese momento me dije a mí misma que cuando me gustara alguien más, yo sería la persona que llegaría a hablarle, presentándome de una forma honesta y sincera. Primero buscaría a Dios y luego sanaría mi corazón antes de permitirme conocer a alguien más. "Sé que aparecerá el joven con quien me sentiré con el derecho de tener una relación sana de amigos y después de novios", pensé en ese momento. A pesar de que en la iglesia tuve buenos amigos decidí servir al Señor primero que todo antes de desear un noviazgo. Quería lograr mis sueños de estudiar, trabajar y hacer otras cosas.

EL INDICADO

Hasta que un día, sin que yo lo esperase o sospechase siquiera, apareció el indicado cuando cumplí 17 años. Sí, pero apareció solo cuando ya no pensaba más en el asunto, cuando ya había puesto a Dios en el primer lugar en mi vida, cuando ya tenía sanado mi corazón, cuando ya me había olvidado de las relaciones anteriores y, sobre todo, cuando ya había decidido ser feliz conmigo misma.

Supe entonces que él era el que Dios había preparado para mí. La persona con quien podría mantener una relación agradable para servir al Señor sin sentir temor o prejuicios; además, sin afanarme, haciendo las cosas bien y siendo prudente para planificar mi futuro. Puedo decir que esto, más que verlo como una decisión de pareja, fue más bien una decisión personal y un compromiso conmigo misma.

¿Cómo fue que llegó el indicado? Después de un tiempo de desarrollarme en el servicio a Dios en la iglesia a la que asistía en la Ciudad de Guatemala, volví a ver a aquel joven "chinito" a quien antes había visto jugar voleibol en Retalhuleu. A decir verdad, él no había cambiado nada desde entonces (siempre ha sido traga años), pero esta vez mi forma de verlo fue diferente.

Antes, recuerdo que mis amigas en la iglesia lo usaban a él como punto de referencia para evaluar qué tan guapos eran otros jóvenes. Por ejemplo, cuando discutíamos sobre cuán simpático era algún muchacho que alguna de ellas no conocía, decían: "¿Cómo es él, será más guapo que Cash?"; o si no, "¿Será que le gana a Cash en simpatía?". Y yo les decía: "Pero ¿quién es ese tal 'Cash' del que me hablan? No conozco a ningún Cash, pero este otro muchacho que estoy viendo sí está muy guapo".

Hasta que un día volví a ver al "Cash" que estaba en boca de mis amigas. Todo sucedió un día en que, acompañada de mi amiga Dinora, llegué tarde a uno de los servicios de la iglesia a la que asistía y no encontrábamos asientos. Los únicos lugares disponibles que había estaban al lado del suyo. Cuando él vio que nosotras buscábamos sitio, muy amablemente nos guio hasta donde él se sentaba. Fue en ese momento cuando me acordé de él y lo reconocí: "¡Pero si este es el muchacho que juega muy bien voleibol!", me dije. Esta vez estaba dispuesta a hablarle y presentarme. No pensaba quedarme sola, callada y con las ganas de conocerlo, así que yo misma provoqué ese contacto.

Aquí quiero hacer un paréntesis para decirte que, si eres una mujer que está en la misma edad en la que yo me encontraba por aquel entonces, no sientas temor de acercarte a las personas, cometiendo el error que cometí yo con el primer muchacho que me gustó.

Muchos jóvenes, tanto hombres como mujeres, sienten temor de tomar la iniciativa cuando se trata de hablarle a una persona a la que quieren conocer; no se sienten lo suficientemente atractivos o interesantes y piensan que de entrada los van a rechazar. Entonces se quedan viendo a la persona desde lejos como a un amor platónico, sin siquiera acercarse.

Hay otros que se adelantan a reflexionar que una hipotética relación sentimental con esa persona no funcionaría, ¡pero ni siquiera han dado el primer paso! Otros, incluso, llegan a creer que una relación entre ambos no es parte de la voluntad de Dios, y esperan más respuestas de las necesarias y que sean ángeles quienes bajen del cielo para que les digan que él o ella es la persona indicada; y si no lo fuera, pues que les digan dónde pueden encontrarla.

Pues bien, a todos ellos, jóvenes y jovencitas, les digo lo siguiente: la vida no funciona así. En cualquier tipo de relación de amistad o noviazgo, el primer paso siempre será conocer a la persona: no ser novios, ni casarse, ni romper un noviazgo, ni nada de eso, sino simplemente conocerse. Mientras no conozcas a la otra persona jamás podrías asegurar cómo sería una relación con ella, y mucho menos entender si es lo que Dios tiene preparado para ti.

Con estas conductas lo que alguien refleja es que no está segura de su identidad como una persona atractiva para los mejores planes de Dios y también para los demás. Su inseguridad, como ya lo hemos visto antes, no les permite ver lo verdaderamente valiosos que son. Tú mereces conocer a la persona que te guste sin ningún tipo de prejuicios y sin temor a fracasar. Solo cuando la hayas conocido, Dios hablará a tu corazón indicándote si es o no la indicada.

Por eso, para cuando conocí a Cash, yo ya sabía que "camarón que se duerme, se lo lleva la corriente". Así que, sin pensarlo mucho, yo misma me acerqué y entablé conversación con él: "Yo a usted lo conozco. Usted juega voleibol, ¿cierto? Yo también juego voleibol y me gustaría verlo jugar", le dije. ¿Y qué crees que me dijo el muy vivo? "Pues yo juego hoy, más tarde. ¿No quiere ir?". Y yo le dije que sí.

Así fue como empezó todo. No me fui a esconder como cuando era más jovencita, tampoco lamenté mi noviazgo fallido. Tomé el primer paso, el voleibol nos unió y con la ayuda de Dios hemos logrado el resto. Eso sí: todo sucedió de una forma muy honesta y sincera, diciendo siempre la verdad y sin dobles intenciones.

Mi corazón ya estaba preparado. Dios ya lo había sanado y yo estaba lista para recibir la bendición que Él tenía para mí. Quizás era algo de lo que yo no podía darme cuenta en ese entonces. Es más, ni siquiera pensaba en la más remota posibilidad de que aquel "chinito" y yo pudiéramos ser novios, pero Dios sí. Él ya tenía trazado un plan para mí desde antes de mi nacimiento. Él sabía que yo ya estaba emocional y espiritualmente bien para conocer a un nuevo muchacho con quien pudiera establecer una relación.

¿Y qué decía él? Muchos años después él me contó que había intentado un acercamiento conmigo, pero que le parecí

Mereces conocer
a la persona que
te guste sin ningún
tipo de prejuicios
y sin temor a
fracasar.

creída. "Ella se lo pierde", pensó entonces. Lo que sí me consta fue cómo nuestra relación fue evolucionando poco a poco de una forma muy especial. Un paso a la vez y todo a su tiempo.

Solo cuando lo llegué a conocer más fue que me di cuenta de que él era la respuesta a una oración que le hice a Dios cuando tenía 9 años: "Dios: si llego a tener un novio —que no sé qué es— que me vea linda, que me quiera y que esté interesado en ti cien por ciento". Con esto te doy testimonio de que Dios siempre nos escucha sin importar nuestra edad o condición; sin importar nuestros pecados o nuestras necesidades afectivas. Su voluntad es darle lo mejor a Sus hijos.

Él desea un compañero o compañera de vida para ti y te aseguro que cuando lo veas, nuestro Padre encontrará formas de demostrarte que él o ella es la persona indicada y ahora dependerá de ambos cuidar la relación. Yo tuve que pasar por tres intentos antes de conocer a la persona que el Señor tenía para mí, así que nunca te rindas luego del primer fracaso.

PREGUNTAS DE REFLEXIÓN

1. ¿Tienes dudas de que la persona que estás conociendo sea la que Dios tiene para ti?

2. ¿Le has hablado a Dios al respecto? ¿Estás reconociendo Sus señales? ¿Le estás escuchando aunque no te guste la respuesta?

9

MERECES UNA RELACIÓN SANA Y AUTÉNTICA

Muchas personas tienen miedo de empezar una relación de noviazgo porque se imaginan que esto implica un matrimonio casi inmediato. Por ejemplo, tuve dos amigas a quienes alguna vez les dije: "Aquel joven quiere ser tu novio", y entraron en pánico porque se imaginaron que esto era lo mismo que casarse pronto. En realidad, lo bonito del noviazgo consiste en conocer a otra persona antes de dar cualquier paso importante.

La verdad es que toda relación matrimonial empieza desde mucho antes de la declaración de amor o de dar el anillo, o sea, inicia con una amistad. Este es un proceso que no se debe apresurar porque solo viviéndolo se puede saber si ambos desean estar juntos. La amistad y el noviazgo son para conocerse y ser transparentes en la forma de ser de cada uno sin tratar de ser otra persona.

¿Qué crees de ti misma? ¿Qué valor le das a tus habilidades y dones? ¿Qué importancia le das a una buena educación? Dios me sigue ayudando a creer en mí misma, en mis habilidades, en mis estudios y en mi familia; y estoy segura de que esto fue un factor muy importante para que mi novio en aquel entonces, quien ahora es mi esposo, se fijara en mí. Confiar en uno mismo es fundamental para cualquier relación saludable. Si yo hubiera continuado con mis inseguridades de la niñez y la pubertad te aseguro que aun hoy a mi edad seguiría soltera, por mucho que hubiera hecho ejercicio y haya cuidado mi alimentación.

En este punto quisiera hacer un paréntesis para que te hagas estas preguntas: "¿Creo en mí y en mis capacidades? ¿Puedo ser una mujer autosuficiente y además ser atractiva para los ojos de Dios y de los demás?". Yo también te pregunto: ¿qué tienes para dar? ¿Qué tesoros hay en ti aguardando por una persona especial? ¿Qué es eso que hay en ti y que provoca que la gente diga "me fascina eso de ella"? Todos, hombres y mujeres, tenemos algo, un *no sé qué* que resulta agradable a los demás y que provoca que quieran conocernos. Por ejemplo, podremos ser pequeños de estatura, pero si nuestra sonrisa es encantadora, ahí llevamos las de ganar; de

Confiar en
uno mismo es
fundamental
para cualquier
relación saludable.

igual modo, podríamos ser modelos de revista, pero si nuestro carácter es el de una persona arrogante e insufrible, no llegaremos ni a la segunda cita.

Ahora bien, aunque todas las personas tienen sus propias cualidades, también debes ser cuidadosa al momento de llamar la atención. El hecho de que seas una mujer carismática o atractiva físicamente no significa que debas exponerte a todos con mucha facilidad. Aprende a ser alguien que se da a respetar y que también respeta a los demás. Si sigues esta regla te aseguro que te admirarán como mereces ser admirada. Si con facilidad enseñas todo lo que tienes, o si eres una mujer rebelde e irrespetuosa que siempre está llevando la contraria sin un motivo importante, provocando pleitos y demandando atención, podrías obtener resultados negativos.

Te aseguro que nadie, absolutamente nadie querrá vivir con una persona complicada, por muy bonita que sea. No necesitas ser perfecta, pero haz lo que esté a tu alcance para ser educada, agradable y genuina.

Te daré un par de ejemplos específicos. Si eres una mujer desconfiada, controladora, creyendo todo el tiempo que tu novio te está siendo infiel, esto es algo que solo te roba la paz a ti y a la larga irá afectando tu relación. De igual modo, si eres una mujer que se resiente por cualquier cosa (por ejemplo, que tu novio no se dé cuenta de tu nuevo corte de pelo o de uno de tus logros personales), no deberías tomarlo tan a pecho. Ponte a pensar que seguramente a ti también en otro momento se te pudo haber olvidado algo que era importante para él, ya sea la fecha de su cumpleaños, un encargo especial de otro país o el nombre de su mamá.

Nadie,
absolutamente
nadie querrá vivir
con una persona
complicada, por muy
bonita que sea.

ENCONTRAR EL AMOR

1 Timoteo 4:12 dice: "Ninguno tenga en poco tu juventud, sino sé ejemplo de los creyentes en palabra, conducta, amor, espíritu, fe, y pureza". La juventud es una etapa que debemos disfrutar. En estos tiempos de confusión y desinformación se necesitan buenos ejemplos de matrimonio, respeto y admiración. Agradece a Dios por hacerte diferente y no olvides que sentir atracción por alguien es algo normal, así que nunca te apenes por eso.

¿CÓMO SÉ SI ESA PERSONA ES LA INDICADA?

Para saber si la relación con tu pareja funciona y es sana, vale la pena que respondas algunas preguntas.

1. **¿Te enorgulleces de esa persona?** Ninguna relación duradera puede basarse en la vergüenza. Puede que alguien te simpatice, pero si no te sientes realmente cómoda en público con esa persona, no es la indicada. La persona que quieres como tu pareja tiene que gustarte, ya que cuando estén casados no podrás esconderla. Por eso también es importante cuidarnos física, emocional y espiritualmente para ser agradables a otras personas.

2. **¿Sientes respeto por esa persona?** El verdadero amor es sinónimo de pureza y generosidad. Cuando realmente amas a alguien no eres egoísta o abusiva. Siempre piensas en la otra persona, en agradarla y

en tratarla bien, con respeto y pureza. Si esa persona no te inspira respeto, eso significa que lo que sientes es solamente un idilio o una pasión pasajera.

3. **¿Tienes plena confianza en su amor y su fidelidad?** Cuando era novia de Cash había jóvenes que me amenazaban con "quitármelo". Sin embargo, la confianza que él me inspiraba me hizo sentir bien conmigo misma, pues de haber sido celosa durante todo el noviazgo seguramente hubiera sufrido mucho ya estando casada.

    Los celos son más duros que la muerte. Si los sientes es porque no tienes seguridad o tienes una percepción errónea de ti misma. Si consideras que tus celos son justificados, te motivo a buscar el consejo de un líder espiritual. Pero la primera opción debe ser tener confianza en ti. Preocúpate solo si andas sucia y desarreglada, hueles mal o no tienes aspiraciones de vida. Ten plena confianza en quién eres y lo que puedes ofrecer.

4. **¿Tienen afinidad?** Cuando hay afinidad entre dos personas, son capaces de conversar durante horas, el tiempo se les hace corto y los temas se vuelven infinitos. La Biblia nos enseña que es importante no unirse en yugo desigual. Aunque no sean idénticos, ambos deben compartir una visión de la vida y complementarse. Talvez tengas la paciencia que a la otra persona le falta y ella te ofrezca la constancia que no tienes. El amor no es automático: se expresa con

hechos y palabras, debe cultivarse y para llegar a ello hay que compartir.

5. **¿Buscas siempre su bienestar?** Recuerda que el amor implica una entrega generosa. Si actúas de forma egoísta y egocéntrica significa que no amas de verdad. Al iniciar una relación no pienses en qué puedes recibir sino en qué puedes ofrecer tú, y aprende a ser agradable para que esa persona busque tu compañía. Para dar y recibir expresiones de amor sin remordimientos únete a alguien con quien compartas la visión y el esfuerzo por alcanzar algo.

6. **¿Lo aprueban tus padres?** Cuando me pregunto cómo mi mamá me permitió casarme a los 19 años pienso que debió ver algunos signos de madurez en Cash y en mí: desde el trato respetuoso entre ambos hasta nuestra disciplina y entrega. Sin embargo, la decisión nunca fue fácil. En esos momentos es importante que busques consejo y de tus padres podrías recibir el mejor. En la abundancia del consejo está la sabiduría. La perspectiva de otros es muy valiosa y mucho mejor si proviene de las personas que más te aman.

7. **¿Estás dispuesta a esperar el tiempo necesario?** Cuando una persona tiene apuro por casarse quizás sea porque las cosas no andan bien. El apuro puede ser de índole sexual o simplemente por escapar de una situación familiar conflictiva. El amor

verdadero sabe esperar el momento adecuado. El mejor ejemplo nos lo da Dios, quien en el tiempo oportuno envió a Su Hijo.

8. **¿Sientes tranquilidad al pensar en casarte?** Acércate al Señor para que te ayude a visualizar tu vida conyugal con la persona que elegiste. La imagen que debe llegar a tu mente debe darte paz. Dice la Palabra que podemos acercarnos confiadamente al trono de Su gracia y pedirle por nuestra pareja, así que hazlo sin miedo.

9. **¿Lo que sientes es recíproco?** Asegúrate de que lo que sientes es recíproco. Si tienes dudas de esto, puedes hacerlo al preguntarle directamente a esa persona qué intenciones tiene contigo y si siente lo mismo que tú. Si ambos buscan diferentes maneras de relacionarse lo mejor sería una separación o, de otro modo, conservar una amistad agradable y genuina.

Medita y responde estas preguntas que te ayudarán a reflexionar y tener una visión más objetiva de la situación particular con tu pareja. Recuerda que si Dios es el centro de tu relación, tienes una garantía de felicidad.

TODA RELACIÓN ES UNA DECISIÓN PERSONAL

Estar con alguien es una decisión personal y, aunque algunas personas puedan aconsejarte, nadie puede influenciarte.

Al tomar una decisión enfócate en quién eres y visualiza cómo tu identidad se verá complementada con la de esa persona. No olvides que nada ni nadie puede definirte y que solo un *detonante infinito* le puede dar un verdadero sentido a tu vida.

Teniendo esto claro, será hora de tomar decisiones. Si te gusta hacer un deporte, practícalo; si quieres encontrar al Señor, ve a la iglesia; si quieres conocer a alguien, háblale. Pero que tu primera decisión siempre sea buscar a Dios. Te garantizo lo que dice la Biblia: si buscas primero Su reino y Su justicia, todo lo demás vendrá por añadidura.

Nada ni nadie
puede definirte y
solo un *detonante
infinito* le puede dar
un verdadero
sentido a tu vida.

10

UNA MUJER CON QUIEN SE QUIERE VIVIR

Al inicio de mi noviazgo con el hombre que ahora es mi esposo, una mujer joven se me acercó para decirme que a ella le gustaba mucho él y que haría todo lo posible para "quitármelo". Mi respuesta fue inmediata: "Si estás tan decidida y segura de lograrlo, no lo dudes más y hazlo". Yo, por mi parte, estaba muy segura de mí misma y esa confianza era lo que afianzaba mi relación con él. Sin embargo, no pasaría mucho tiempo para que Cash y yo enfrentáramos una prueba mucho más compleja que nos hizo madurar antes de tomar la decisión de comprometernos en matrimonio.

Después de un año de relación él me dijo que iba a orar para confirmar si era la voluntad de Dios que siguiéramos juntos. Es muy válido que lo hiciera porque es un compromiso serio, pero mi respuesta fue tajante e inmediatamente le dije que, si no deseaba seguir conmigo, que solo me lo dijera. Él me dijo algo como "Oremos para ver si es la voluntad de Dios", pero le dije que no. "Esos son puros cuentos. Si no quieres nada conmigo, entonces terminemos", le dije. Y terminamos.

Me confrontaba el hecho de que él necesitara recibir una respuesta de parte de Dios para continuar con nuestra relación, pues lo único que yo podía ver en ese momento eran sus dudas respecto a mí. Cash siempre fue un gran líder en la iglesia a la que asistíamos y en aquel momento se enfrentó al dilema de si yo era una mujer a la altura de sus planes de servir al Señor.

A pesar de que siempre fui muy aplicada y entregada a Dios, en aquel entonces no me caracterizaba por ser una gran líder. Mientras que Cash sobresalía entre otros líderes, yo era más bien tímida y nunca me daba a notar en comparación de otras mujeres jóvenes de la iglesia, que destacaban en la alabanza o en la prédica y cuyo liderazgo era notable. Aunque, a decir verdad, nunca me faltó la sospecha de que algunas de ellas lo hacían para llamar la atención de mi novio.

No puedo negar que yo también traté de demostrarle a Cash mi entrega en el ministerio, pero ante sus dudas tampoco estaba dispuesta a persuadirlo o mucho menos rogarle

Mi compromiso
con Dios era
genuino y, por
eso, aunque Cash
y yo terminamos,
no dejé de asistir
a la iglesia.

para que no terminara conmigo. Mi compromiso con Dios era genuino y, por eso, aunque Cash y yo terminamos, no dejé de asistir a la iglesia ni de reunirme con mis amigos, él incluido. Mi vida prácticamente continuó igual a como era antes y, de hecho, solo hasta entonces pude reconocer cuán oportuna y necesaria fue nuestra separación en aquel momento porque eso nos ayudó a valorar más nuestra amistad.

Durante el tiempo que no fuimos novios oré por él para que encontrara una mujer que lo quisiera y Dios le mostrara el camino que debía seguir. Por mi parte no dejé de asistir al grupo de jóvenes, tampoco dejé de servir a Dios en el ministerio de niños. Amaba al Señor con todas mis fuerzas, aunque también debo confesar que seguía enamorada de Cash. Por eso un día le pedí en oración al Señor que, si él era el hombre con quien podía vivir, casarme y servir en la iglesia, que lo guardara para mí; pero si no, que lo apartara de mi corazón. Oré también para que no terminara aquel año sin que Dios me diera la respuesta.

En Salmos 37:4 dice: "Deléitate asimismo en Jehová, y Él te concederá las peticiones de tu corazón". En aquel momento aún no lograba ver la magnitud del beneficio de deleitarme en Dios y que Él me respondiera casi inmediatamente, porque así fue como pasó: Dios guardó a Cash para mí y volvimos a ser novios antes de que terminara el año.

¿Cómo me respondió Dios? Pues de la forma más directa posible: después de un mes de estar separados, Cash me preguntó un día si podía llevarme a mi casa al terminar el servicio de jóvenes, a lo que le respondí que sí. Esa misma noche me declaró su amor otra vez e iniciamos una relación mucho más sólida. Desde ese día me visitaba por las tardes, me acompañaba en mi tiempo de estudios y juntos fuimos ratificando nuestro deseo de servir en la iglesia a Dios y a las personas.

"PODER VIVIR" VERSUS "QUERER VIVIR" CON ALGUIEN

Cash me contó que durante ese proceso Dios le mostró la diferencia entre una mujer con quien *se quiere* vivir y una con quien *se puede vivir*. Querer vivir con una mujer no significa que se pueda vivir con ella. A él muchas veces le aconsejaron: "Piensa en una mujer que te ayude en tu liderazgo y tu ministerio", pero él pensaba: "Pero si yo solo quiero una mujer para amarla, con quien casarme y tener una familia".

Dada su formación espiritual y sus ganas de evangelizar, él también se preguntó muchas veces si lo que en realidad deseaba para su vida era casarse y formalizar una relación. Desde muy niño tuvo la ilusión de ser evangelista y quizás pensó que tener una relación en ese momento estropearía sus planes. Sin embargo, aquella noche cuando me llevó a casa luego de la reunión de jóvenes, reforzamos nuestros sueños individuales (en mi caso, estudiar y trabajar; y en el de él, predicar la Palabra del Señor) y muy felices nos comprometimos con más confianza del uno hacia el otro.

Nuestro noviazgo, con todo y el tiempo que estuvimos separados, duró dos años y cuatro meses. Inició cuando yo tenía 17 años y él 21. Él siempre fue bienvenido en mi casa y siempre respeté su deseo de predicar la Palabra de Dios. Me

Querer vivir
con una mujer
no significa que
se pueda vivir
con ella.

fascinaba su deseo de servir y que fuera una persona segura de sí misma.

Tomar la decisión de casarnos no fue difícil porque éramos personas responsables y disciplinadas a pesar de nuestra juventud y creíamos en la recompensa del trabajo y el esfuerzo. Cabe decir que nuestras familias nos apoyaron en cada decisión que tomábamos. Sin imaginarnos la responsabilidad que implicaba un compromiso de tal magnitud nos casamos cuando yo tenía 19 y él 23, el 25 de enero de 1986, en una ceremonia llevada a cabo en la iglesia donde nos congregábamos y a la cual asistieron 500 personas. No hubo recepción en otro lugar y en la misma iglesia se repartió pastel a los invitados que se dividían entre amigos, familiares y líderes de la iglesia. Más tarde, en casa de mi madre, comimos y celebramos con nuestras familias a la vez que hacíamos los preparativos para irnos a nuestra luna de miel en el interior del país.

Nuestro primer obsequio de bodas fueron nuestras argollas de matrimonio, que nos regaló una señora que tenía una joyería. El segundo regalo fueron los pasteles con los cuales pudimos compartir con la cantidad de invitados. Como obsequio de bodas también recibimos una semana de estadía en un chalet donde pasamos nuestra luna de miel a orillas del Lago Atitlán. A estos regalos se suman otros no menos importantes que nos ayudaron a equipar nuestra casa durante los primeros años de casados, por ejemplo, mi hermana mayor me heredó su refrigeradora. Es hasta el día de hoy y sigo agradecida con Dios y con cada persona que nos brindó su amor a través de aquellos regalos.

PREGUNTAS DE REFLEXIÓN

1. ¿Conoces a la familia de la persona con quien consideras casarte? ¿Qué sabes de su procedencia?

2. ¿Cuánto conoces sus costumbres y sus ideas sobre asuntos importantes como el trabajo y el hogar?

3. ¿Es una persona con quien quieres vivir o con quien puedes vivir?

11

MATRIMONIOS IMPERFECTOS, PERO CORRECTOS

La primera tarea que tiene una pareja de recién casados es adaptarse el uno al otro —una persona independiente y diferente a uno mismo—, conformando una unidad, pero sin sacrificar su individualidad.

No existe universidad donde podamos aprender la carrera del matrimonio mejor que en la escuela de la vida, tomando como ejemplo matrimonios a nuestro alrededor. El primer ejemplo lo obtuve del matrimonio de mis padres. Quizás haya otras fuentes donde creemos que se puede aprender, como en las telenovelas, las series de televisión, las obras de teatro o los

La primera tarea
que tiene una pareja
de recién casados es
adaptarse el uno al otro
—una persona independiente
y diferente a uno mismo—,
conformando una unidad,
pero sin sacrificar su
individualidad.

libros, pero no hay nada mejor que ver el matrimonio a través de la relación de nuestros propios padres o tutores.

Debemos comprender que un matrimonio lo conforman dos personas totalmente diferentes, con dos escuelas, costumbres y orígenes distintos, pero que tienen todo el derecho de unirse y conocerse. Las Escrituras no nos dan instrucciones sobre cómo llevar a cabo un noviazgo, pero sí nos hablan de compromiso, respeto y afecto entre dos personas en matrimonio, hombre y mujer, con un mismo propósito para Dios.

Los matrimonios en mi familia fueron muy "normales": con diferencias, victorias, derrotas, afinidades y dificultades. Yo me desarrollé observando las relaciones conyugales entre mis padres y entre mi tío con su esposa: totalmente disfuncionales, y quizás por eso desde muy pequeña saqué mis propias conclusiones sobre el tema y tomé la decisión de no creer en el matrimonio. Sin embargo, ¿qué matrimonio es perfecto en realidad? Hay una frase que mi esposo siempre dice y que me recuerda esto: no hay matrimonios *perfectos*, sino *correctos*.

DOS BARBIES Y UN KEN: EL TESTIMONIO DE JULIA

Tampoco debemos obsesionarnos con el fantasma de una relación fallida o disfuncional de nuestros padres. Que ellos hayan sido de una forma no significa que nosotros también tendremos que ser igual. Nuestras relaciones podrán ser mejores o incluso peores que las de ellos, pero en todo caso no siempre estaremos destinados a repetir patrones.

Hace muchos años coincidí con unas amigas en un viaje largo por carretera. Fueron muchas horas las que nos separaban de nuestro destino, por lo que tuvimos tiempo para platicar de todo, de reírnos a carcajadas y hasta de sincerarnos y llorar.

Julia, una de mis amigas, empezó a contar algo muy curioso acerca de su niñez. Su padre era un hombre casado que mantuvo una relación extramarital con una mujer mucho más joven que él: ella tenía 18 y él 38 cuando se conocieron. A pesar de la diferencia de edad entre ambos, aquella mujer estaba enamorada de él y juntos tuvieron cuatro hijos: la tercera de ellos era Julia.

Desde muy niña Julia se preguntó por qué su papá no vivía con ellos, por qué nunca lo veían más de dos días seguidos y por qué si llegaba un día a visitarlos siempre se iba esa misma noche. Un día, siendo aún muy pequeña, fue consciente de la verdad aunque no la comprendiera: su papá, además de tener un trabajo absorbente, también tenía otra esposa y otra familia. Lo que Julia en su inocencia infantil no supo por aquel entonces fue que los "otros" en realidad eran su mamá, sus hermanos y ella.

Sin embargo, tan normal veía Julia aquella situación que un día cuando su papá llegó a visitarlas le pidió una muñeca *Barbie* para su Ken. En una siguiente visita el papá le llevó una muñeca nueva y ese día también se fijó en que Julia ya tenía una Barbie. "¿Por qué me pediste una Barbie para tu Ken si ya tenías una?", le preguntó su papá. Y Julia le respondió que con lo que tenía no podía jugar porque le hacía falta la otra esposa de Ken.

Ahora, con dos Barbies y un Ken, el juego estaba completo. Cada vez que Ken se metía en la cama, también se metían con él una Barbie de cada lado. Había otras veces en que las Barbies estaban en diferente cama y Julia recuerda perfectamente cuando su Ken se iba de una a otra, y cuando a la Barbie rubia le decía: "Te amo, mi amor, pero tengo que irme. No despiertes a los niños, dales un beso de mi parte", para luego llegar a la cama de la Barbie morena y decirle: "Ya vine, mi amor".

Conforme fue pasando el tiempo y Julia fue creciendo pudo comprender quiénes eran en realidad "los otros", y esto influyó en su identidad durante mucho tiempo. Julia nunca formalizaba sus relaciones de noviazgo y huía constantemente del compromiso porque no quería que a ella también le pasara lo mismo que a sus Barbies. Siendo adolescente creció con la idea de que todos los hombres eran iguales y que no estaba dispuesta a ser madre soltera como lo habían sido su mamá y las dos hermanas de esta.

Un día, durante su adolescencia, Julia aceptó a Jesús en su corazón e inmediatamente sintió que Él la abrazó como un padre a sus hijos. Fue entonces cuando le pidió al Señor que le diera la oportunidad de formar una familia tradicional.

Dios respondió a Julia con un matrimonio sólido de 32 años a la fecha que escribo estas líneas y con dos hijos de quienes está muy orgullosa. Además, ella y su esposo sirven al Señor y a muchas familias en su iglesia.

El testimonio de Julia nos demuestra que no hay patrones ni modelos fallidos que nos determinen cuando Dios entra en nuestra vida.

DIOS SE PERFECCIONA EN NUESTRAS DEBILIDADES

A diferencia de Julia yo nunca pensé que todos los hombres fueran iguales, pero sí le rehuí al compromiso del matrimonio y a todo lo que eso implica. En aquel momento me habría bastado con tener novio y desarrollarme en las demás áreas profesionales de mi vida. Y si yo en mi época de juventud pensaba de esa forma, no puedo imaginar cómo pensarán las mujeres jóvenes hoy en día.

Sin embargo, la Palabra de Dios dice en 2 Corintios 12:9:

Por tanto, de buena gana me gloriaré más bien en mis debilidades, para que repose sobre mí el poder de Cristo.

———

Como yo no creía en el matrimonio, el Señor se perfeccionó en mi debilidad y ahora soy una pastora que vive fomentándolo dondequiera que va. Así de irónico suena ahora, pero también de esta manera Dios se perfecciona en nuestras debilidades.

En enero de 2021 mi esposo y yo cumplimos 35 años de casados y lo hemos logrado por la gracia y amor de Dios, pero, sobre todo, por el amor expresado entre nosotros, ese que no nos quedamos y que con palabras y acciones expresamos todos los días. Nos dimos cuenta de que, más que ser dos personas con muchos años de casados, somos compañeros de vida que aprendieron a aceptar y tolerar las diferencias del otro, logrando así un ambiente de respeto y armonía.

Dios trató conmigo en tres áreas que hasta ahora me han ayudado a mantener un matrimonio saludable conforme a Su voluntad.

1. DILE NO A LA REBELDÍA Y A LA NECEDAD

Una persona rebelde no acepta consejo y con facilidad expresa su desacuerdo. Suele reincidir en conductas conflictivas, llegando incluso a ser agresiva. Desafía hasta a sus propios padres y desobedece las normas establecidas.

Lo que muchos no saben es que todos nacemos con esa rebeldía. Proverbios 22:15 dice:

La necedad está ligada en el corazón del muchacho; mas la vara de la corrección la alejará de él.

———

Necedad es sinónimo de insensatez y desobediencia, pero también es muestra de poca inteligencia, todo lo contrario a la sabiduría que nos da Dios. La *corrección*, en cambio, trae entendimiento. Si no aceptamos la corrección del Señor y ni siquiera la de nuestros padres, será la vida misma quien se encargue de corregirnos.

Te motivo a aceptar la corrección de Dios sin ningún tipo de resentimiento hacia Él. Esto es igual a la corrección de cualquier padre hacia un hijo, tal como lo dicta el proverbio: "Porque Jehová al que ama castiga, como el padre al hijo a quien quiere" (Proverbios 3:12). Recuerda que la sabiduría proviene en primer lugar del temor a Dios. "Engañosa es la gracia, y vana la hermosura; la mujer que teme a Jehová será alabada", dice Proverbios 31:30.

2. LA SABIDURÍA EMPIEZA POR DAR A DIOS UN LUGAR PROMINENTE EN LA VIDA

En Eclesiastés 4:9-12 dice:

Mejores son dos que uno; porque tienen mejor paga de su trabajo. Porque si cayeren, el uno levantará a su compañero; pero ¡ay del solo! que cuando cayere, no habrá segundo que lo levante. También si dos durmieren juntos, se calentarán mutuamente; mas ¿cómo se calentará uno solo? Y si alguno prevaleciere contra uno, dos le resistirán; y cordón de tres dobleces no se rompe pronto.

Cuando por primera vez puse atención a esta cita bíblica mi corazón empezó a creer en el pacto de Dios con el hombre y la mujer en el matrimonio, y los beneficios que este pacto conlleva. Esto me hizo ver la importancia del matrimonio en la vida de cualquier persona, ya que no solo es una voluntad de nosotros como individuos, sino también del Señor, a tal punto de ser instituido por Él.

Cuando vi a Cash por segunda vez en la iglesia sentí atracción hacia él. Para entonces ya me sentía segura conmigo misma y esto me motivó a conocerlo de una forma especial. Yo también le gusté a él y hasta aquí todo bien. De hecho, si lo hubiéramos querido, hubiéramos podido seguir de novios toda la vida, teniendo hijos y formando una familia como hasta ahora, y en apariencia nada hubiera sido diferente, aunque eso tampoco lo puedo asegurar. Por ejemplo, de no existir el beneficio del compromiso que solo da el matrimonio, quizás ni siquiera hubiéramos superado dos años de casados luego de darnos cuenta de lo complejo que es vivir al lado de otra persona.

Sin embargo, la gran diferencia entre estar casados o solteros radica en nuestro pacto con Dios. Si yo como mujer viviera una relación sin matrimonio estaría limitando la bendición de hacerlo a Él parte de nuestra vida juntos. Es por ello que estableció un pacto entre el hombre y la mujer, esto es algo que podemos ver desde tiempos de Adán y Eva.

Siempre ha sido voluntad de Dios que todo hombre y toda mujer dejen a sus padres para iniciar en el pacto del matrimonio, tal como lo dice Mateo 19:4-6:

Él, respondiendo, les dijo: ¿No habéis leído que el que los hizo al principio, varón y hembra los hizo, y dijo: Por esto el hombre dejará padre y madre, y se unirá a su mujer, y los dos serán una sola carne? Así que no son ya más dos, sino una sola carne; por tanto, lo que Dios juntó, no lo separe el hombre.

———

3. TODA MUJER DEBE DAR EL FRUTO DE SUJECIÓN

El Señor nos enseña que una persona en sujeción reconoce a una autoridad delegada y todo lo creado por Dios tiene un orden. Cuando aprendí que el esposo es la cabeza del matrimonio supe inmediatamente que, por más independiente y autosuficiente que yo fuera, y por más fuerte que fuera mi carácter, Él me estaba llamando a cumplir con un orden. En la relación de mis progenitores vi mayor autoridad en mi madre que en mi padre, sin embargo, el Señor delegó la cabeza del matrimonio al hombre, tal como lo dice Efesios 5:21-24, donde se nos muestra a Jesús como ejemplo y cabeza de la iglesia.

Una sujeción implica crear una unidad nueva donde cada elemento pasa a ser complemento del otro. Vale la pena aclarar que la sujeción no es dominio, sometimiento, menosprecio o subordinación. Con esto quiero decir que no por estar sujeta a su esposo una mujer deba aceptar malos tratos de parte de él en forma de abuso físico, psicológico o emocional, ni viceversa. Muchos confunden *sujeción* con *subordinación*, algo erróneo, pues tan sujeto está el esposo a su esposa como ella a él. La sujeción es un fruto de ambas partes y un deber conyugal de la mujer.

La Biblia, en Colosenses 3:18, nos motiva a estar sujetas a nuestros maridos "como conviene en el Señor" y en 1 Pedro 3:1-6 nos explica la razón:

Asimismo vosotras, mujeres, estad sujetas a vuestros maridos; para que también los que no creen a la palabra, sean ganados sin palabra por la conducta de sus esposas, considerando vuestra conducta casta y respetuosa. Vuestro atavío no sea el externo de peinados ostentosos, de adornos de oro o de vestidos lujosos, sino el interno, el del corazón, en el incorruptible ornato de un espíritu afable y apacible, que es de grande estima delante de Dios. Porque así también se ataviaban en otro tiempo aquellas santas mujeres que esperaban en Dios, estando sujetas a sus maridos; como Sara obedecía a Abraham, llamándole señor; de la cual vosotras habéis venido a ser hijas, si hacéis el bien, sin temer ninguna amenaza.

———

Como ya dije antes, reconocer nuestra función dentro del pacto del matrimonio trae consigo beneficios. En Isaías 54:4-6 Dios le dice a la mujer abandonada: "Yo seré tu marido". Él ocupa el lugar del esposo si este ya no estuviera o la rechaza, mas nunca ocupa el lugar de una esposa para el hombre. El Señor nos ha puesto en un lugar privilegiado a las mujeres para que podamos ser honradas por nuestro marido. Por esta razón sujétate a él sin temor y con toda libertad, pues la sujeción es una bendición y no una imposición.

Al igual que con su esposo, toda mujer debe dar fruto de sujeción a alguien con posición de autoridad, por ejemplo, a su padre, a un maestro, a su jefe, a un policía, a una autoridad religiosa o a un presidente, por mencionar algunos, quienes de una u otra forma son personas designadas por Dios para establecer orden.

Una sujeción
implica crear
una unidad nueva
donde cada
elemento pasa a
ser complemento
del otro.

"¿Y SI EL MATRIMONIO NO ES PARA MÍ?"

Si aún no crees en el matrimonio y definitivamente estás convencida de que no es para ti, respeto tu decisión y las personas que te amen también la deberían respetar. En estas páginas te he compartido cómo ha sido el matrimonio para mí y cómo mi identidad se ha ido transformando en las diferentes etapas que he vivido a lo largo de estos casi 36 años de casada.

Pero si definitivamente formar un hogar no es lo tuyo, nunca te engañes creyendo que con ello termina tu forma de mantener un pacto con Dios, pues siempre seguirá la posibilidad de servirle a Él y de bendecir a las personas. Así lo dice 1 Corintios 7:34:

> Hay asimismo diferencia entre la casada y la doncella. La doncella tiene cuidado de las cosas del Señor, para ser santa así en cuerpo como en espíritu; pero la casada tiene cuidado de las cosas del mundo, de cómo agradar a su marido.

———

PREGUNTAS DE REFLEXIÓN

1. ¿Con cuáles características tuyas has tenido que trabajar para lograr armonía en tu matrimonio?

2. ¿Consideras que tu matrimonio ha hecho cambios en tu identidad?

12

UN PACTO PARA TODA LA VIDA

Mi esposo y yo hicimos un presupuesto familiar desde el primer mes de casados. Para aquel entonces él había iniciado una empresa de informática en una época en que este tipo de conocimiento científico aún no era muy popular y asimilado en nuestro país, por lo que no se nos hizo fácil cubrir el presupuesto del hogar. Luego de algunas operaciones matemáticas llegamos a la conclusión de que yo también debía trabajar y aportar para cubrir los gastos familiares.

Yo no tomé esto a mal, sino todo lo contrario, ya que a mí siempre me ha gustado trabajar. De hecho, en el hogar de mis padres me educaron para ser una mujer responsable y trabajadora y yo sabía que, por muy entregada que fuera a mi matrimonio, no estaba dispuesta a quedarme todo el día en casa solo haciendo los quehaceres del hogar.

Siempre tuve una mentalidad de producir y hacer rendir mi tiempo. Y fue así como poco después de regresar de nuestra luna de miel conseguí un trabajo en una compañía encargada de desmotar algodón. Y luego, en una importadora de nylon Oxford. Durante todo aquel año de matrimonio trabajé hasta que quedé embarazada de mi primer hijo, un año después de casada. Mi intención era continuar trabajando hasta que se me notara el vientre, pero los malestares del embarazo me lo impidieron totalmente.

Algo que recuerdo de aquel primer año de matrimonio en cuanto a lo económico fue que gané un poco más de dinero que él y gracias a ello entre ambos pudimos cubrir nuestros gastos.

Pero esta no fue la única forma en que Dios nos proveyó. En aquel tiempo vivíamos en la colonia Santa Mónica, en la Zona 11 de la Ciudad de Guatemala, en una casa completa de un nivel, bastante cómoda de precio, ya que mientras otras personas pagaban un promedio de Q1,200 de alquiler en ese mismo sector, nosotros solo pagábamos Q700 por una casa del mismo tamaño que la de nuestros vecinos. En aquel entonces Q500 representaban una gran diferencia y, por supuesto, un gran ahorro que sin duda hubiera sido un alivio para cualquier familia incluso en condiciones mejores que las nuestras.

¡Solo Dios sabrá por qué nuestro alquiler costaba menos que los demás!

No obstante, siembre hubo otros gastos que cubrir. Algo que tengo muy presente de aquellos primeros años era la dificultad de transportarnos para hacer los menesteres de cada uno. Como solo teníamos un carro que él usaba para ir a trabajar, yo tenía que esperar hasta el viernes para poder ir a hacer las compras del hogar. Y cuando en enero de 1987 quedé embarazada de Carlos Enrique "Cashito", mi primer hijo, la necesidad de mejorar nuestra economía se hizo más evidente.

DEJAR DE TRABAJAR: UNA DECISIÓN DIFÍCIL

Dios una vez más bendijo nuestro pacto de matrimonio con una lección muy simple, pues además de los malestares de mi gestación, la decisión de dejar de trabajar para dedicarme por completo a mi embarazo y a mi hogar pasó por un razonamiento lógico: cuando elaboramos un nuevo presupuesto nos dimos cuenta de que, si yo continuaba trabajando, nos saldría más caro cubrir los gastos de una guardería, de una empleada doméstica, de transporte para movilizarnos ambos y otro sinfín de gastos más que excedían nuestro presupuesto.

Por lo tanto, aunque mi gusto por el trabajo seguía latente y mi formación era la de una mujer proactiva, debo aclarar que no fue una decisión fácil. De hecho, más adelante me provocó una crisis de identidad, pero le agradezco a Dios por darme entendimiento y también a mi esposo por habérmelo insistido durante todo el embarazo, haciéndome ver con amor y paciencia que a la larga esa era la mejor decisión para criar a nuestro hijo.

Sin embargo, el mayor beneficio de una decisión como esta no se compara con ningún cheque mensual por muy grande que sea su valor: tuve el gusto de criar yo misma a mi hijo. Por si esto fuera poco, la mano de Dios no dejó de bendecirnos sobrenaturalmente, ya que pude verla sobre mi esposo, quien desde entonces tuvo nuevas ideas de negocios que fueron fructíferas y nos dieron estabilidad y seguridad económica. Con el paso de los años, y paulatinamente, a la empresa de informática le siguieron la venta de seguros de vida y posteriormente nuestra propia compañía que vendía ropa para hombres.

Cabe mencionar que, a pesar de que fui una mujer dedicada a mi hogar, en cada una de estas empresas fui parte activa durante mis "tiempos libres", donde ejercí tareas de la más variada índole: desde organizar archivos y revisar a agenda de Cash hasta entrevistar a sus empleados.

Pero la bendición de Dios —la cual yo le atribuyo al hecho de estar bajo el pacto de matrimonio— nos bendijo también en salud. Recuerdo una Navidad de aquellos primeros años cuando mi hijo se intoxicó con uvas y lo tuvimos que hospitalizar de emergencia. Cuando pensamos que iba a ser algo muy grave, bendito Dios que logró recuperarse.

El mayor
beneficio de una
decisión como esta
no se compara con
ningún cheque mensual
por muy grande que sea
su valor: tuve el gusto
de criar yo misma a
mi hijo.

DIOS: HASTA ARRIBA DE LA LISTA

Tanto mi esposo como yo estamos seguros y damos testimonio de que cada una de estas bendiciones fue el resultado de poner a Dios primero en nuestro presupuesto con nuestros diezmos y ofrendas. Literalmente, en cada presupuesto que hicimos, siempre estuvo Dios hasta arriba de la lista. Por eso damos testimonio de que nuestro Padre es un Dios fiel, un Dios de pactos que tarde o temprano siempre cumple Sus promesas, y que nuestra fe y nuestras primicias en el altar provocaron que las puertas del cielo se abrieran para bendecirnos cuando más lo necesitábamos. Proverbios 3:9 dice: "Honra a Jehová con tus bienes, y con las primicias de todos tus frutos; y serán llenos tus graneros con abundancia, y tus lagares rebosarán de mosto".

EL AMOR RENOVADO

Ahora, a la fecha en que escribo estas líneas, Cash y yo estamos a poco de cumplir 36 años de casados y de terminar nuestra cuarta etapa del amor en el matrimonio, según los psicólogos y psiquiatras de la clínica Minirth-Meier de Dallas, Texas. O sea, estamos culminando la etapa del "amor renovado" y entraremos en la del "amor trascendente".

Las personas encargadas de este estudio clasifican el amor matrimonial en cinco etapas: 1. el "amor joven" (los primeros dos años de casados), 2. el "amor realista" (de 3 a 10 años), 3. el "amor confortable" (de 11 a 25 años), 4. el "amor renovado" (de 26 a 35 años) y 5. el "amor trascendente" (de 36 años en adelante).[3] Cada una tiene sus propios retos. Esto significa que tantas dificultades debe superar una pareja recién casada que una que lleva cincuenta años de matrimonio.

CAMBIOS FÍSICOS EN EL MATRIMONIO Y CÓMO AFECTAN NUESTRA IDENTIDAD

Cuando me casé ya había superado desde hacía mucho mis complejos en relación con mi apariencia física. Ya estaba acostumbrada a una disciplina de practicar deportes y a una alimentación lo más sana posible. Sin embargo, los primeros traumas durante el matrimonio suelen llegar con las consecuencias físicas de los embarazos y los partos. En mi caso, tuve dos partos normales y una cesárea que me dejó una cicatriz muy profunda. Todo esto pudo haber afectado considerablemente mi psicología y la apariencia de mi cuerpo, pero me cuidé lo más que pude con terapia, ejercicio y buenos hábitos alimenticios.

Cuando cumplí 42 años recibí la noticia de que padecía miopía y astigmatismo, aun cuando hasta ese momento siempre me había caracterizado por tener una excelente salud oftalmológica. Esa fue la primera vez que caí en cuenta de que ya no era una jovencita y que pronto empezaría a tener otros achaques a causa de mi edad. Tiempo después tuve problemas de digestión debido a que mi organismo había empezado a no digerir bien algunos alimentos que hasta entonces nunca me habían ocasionado problema; y, más adelante, tuve

---

3. Minirth, Dr. Frank & Mary Alice; Newman, Dr. Brian & Deborah; Hemfelt, Dr. Robert & Susan. *Etapas del matrimonio*. Editorial Betania (ed. 1991)

problemas de la piel: me volví alérgica a casi cualquier cosa. Así podría seguir enumerando más achaques que siguieron llegando. ¡Espero que no sean más!

Es hasta entonces, en esta época de achaques a la que llegamos todos después de los 40, cuando vemos la verdadera importancia de haber llevado una vida saludable más allá de la de un cuerpo de revista; pero, sobre todo, la importancia de haber sido constantes en este estilo de vida. Debemos continuar trabajando en nosotras mismas y no caer en la negación de la necesidad de ser saludables, alimentarnos sanamente, dormir bien y hacer ejercicio.

APRENDER A LIDIAR CON EL ESTRÉS

Las consecuencias de sobrepasar las cuatro décadas de vida no solo son físicas y también hay que aprender a lidiar con el estrés. Desde una mala economía hasta la pérdida de un hijo, todas estas situaciones dan al matrimonio una carga de estrés que se debe aprender a controlar. No es fácil identificar aquello que nos provoca estrés, pero generalmente podemos atribuirlo a la falta de intimidad, la pérdida de empleo, las enfermedades, los problemas legales y hasta los cambios en apariencia más "inofensivos" como jubilarse o mudarse de casa o de ciudad.

En estos tiempos acelerados en que vivimos no es nada raro ver a parejas de adolescentes estresadas, llegando incluso a caer en síntomas de depresión. Hoy más que nunca son comunes los casos de jovencitos que a los doce o trece años provocan un tiroteo en su escuela o en algún lugar público,

Debemos continuar trabajando en nosotras mismas y no caer en la negación de la necesidad de ser saludables, alimentarnos sanamente, dormir bien y hacer ejercicio.

quitándoles la vida a varias personas para luego tomar la decisión de suicidarse; o de los matrimonios jóvenes que no soportan la carga emocional de estar unidos a una persona y se divorcian tras un año o menos de casados.

Muchas veces, para combatir las crisis de las diferentes etapas de nuestro matrimonio, debemos aprender a vivir con ellas. No siempre tendremos la vida entera para reparar una crisis. Aprender a enfrentarlas y saber cuándo es el momento para ceder debería ser una tarea principal para la pareja.

Ahora bien, muchas veces me han preguntado si mi matrimonio con Cash ha tenido que afrontar conflictos, diferencias y, en general, épocas de crisis como pareja. Mi respuesta siempre es la misma: por supuesto que sí. Como todos los matrimonios, el mío tampoco ha sido perfecto. Pero este será un tema para otro libro entero.

PREGUNTAS DE REFLEXIÓN

1. ¿Piensas que el matrimonio debe ser "perfecto", o tienes expectativas realistas?

2. En tu matrimonio, ¿cuáles de las situaciones expuestas en este capítulo has enfrentado? ¿Cómo las has superado?

13

EL MILAGRO DE SER MADRE

Desde la concepción, la maternidad se convierte en el factor con mayor trascendencia para la conservación de toda nuestra especie y, por supuesto, influye enormemente en la identidad de toda mujer que la experimenta, provocando diversidad de cambios físicos y psicológicos: hinchazón de vientre, estrías, cambios de humor, antojos o desagrado hacia algunos olores y alimentos, etcétera.

Esta cualidad de dar a luz con dolor inició con la desobediencia de Adán y Eva en el Jardín del Edén. Génesis 3:16 dice:

A la mujer dijo [Dios]: Multiplicaré en gran manera los
dolores en tus preñeces; con dolor darás a luz los hijos; y
tu deseo será para tu marido, y él se enseñoreará de ti.

———

LA IMPORTANCIA DE PLANIFICAR

Una vez escuché a una jovencita de trece o catorce años decir algo que me dejó helada: "Cuando sea grande solo voy a tener dos hijos: un niño y una niña; uno lo tendré con Rubén y el otro con Pedro" (estos nombres me los invento para proteger la identidad de los aludidos). Así lo dijo, literalmente, señalándolos con el dedo. Eso fue hace veinte años y todavía recuerdo lo impactada que me dejó aquella declaración.

Años más tarde, aquella niña ingenua creció y siendo adulta cumplió su propósito, aunque a medias: sí tuvo un niño y una niña, uno de ellos sí lo tuvo con Rubén, pero el otro no lo tuvo con Pedro, sino con un tal Arturo que no estaba en sus planes y a quien no le volvió a ver la cara.

Curiosamente aquella niña pudo "acertarle" a uno de sus blancos, pero la vida real no es tan simple como para elegir con el dedo si queremos tener un hijo con Fulano o Zutano y pensar que todo nos saldrá de maravilla; y mucho menos si somos imprudentes con el uso de nuestra sexualidad, sin mantener una relación en pareja y sin hacer una planificación familiar responsable.

Nuestras mujeres necesitan abordar el tema de la planificación familiar y asumir esta práctica sanamente. He conocido varios métodos clínicos y uno de ellos, cuyo nombre no recuerdo, hizo daño a mis riñones. Es importante que, si decides planificar tu familia, converses con tu médico y prestes atención a las advertencias de efectos secundarios y a las reacciones de tu cuerpo. Yo he visto muy buenos resultados con el método de ovulación Billings (MOB), simplemente conocido como "método natural", que suele funcionar en una mujer con su ovulación regular.

La decisión de tener un hijo no es algo que deba tomarse a la ligera. Antes de vivir en matrimonio, las parejas que deseen tenerlos deberían decidir cuándo hacerlo y después acercarse a profesionales especialistas para saber cuál es el procedimiento adecuado según su planificación familiar y el funcionamiento de los órganos reproductores de ambos.

Además, muchas veces les tocará ser prudentes y realistas acerca del enorme compromiso que implica ser padres, y deberán tomar decisiones coherentes con su entorno. Por mucho que dar a luz sea un sueño para una mujer, antes de quedar embarazada debería pensarlo dos veces si, por ejemplo, su médico le advierte que el bebé podría desarrollar una malformación en el vientre. Además de las consideraciones médicas están las sociales y económicas. Padecer escasez de recursos y tener un presupuesto familiar limitado debería ser razón suficiente para pensar mejor en cuándo sería el momento adecuado para procrear.

En resumen, son muchos los factores que podrían impactar considerablemente nuestra identidad al procrear sin una planificación familiar, afectando además la identidad de los hijos que pudieran nacer en ese tiempo.

La decisión
de tener un
hijo no es algo
que deba tomarse
a la ligera.

"¿QUEDÉ EMBARAZADA? NO PASA NADA, DIOS PROVEERÁ"

Si bien es cierto que no hay nada imposible para Dios y que Él ama a todos Sus hijos y les proveerá todo sustento porque así lo promete en Su Palabra, eso no significa que nosotros no debamos razonar y actuar acorde a Su sabiduría.

Por tal razón, en lo que se refiere a tener hijos, no debemos prescindir de una planificación familiar y debemos actuar con la inteligencia que el Señor espera que usemos ante cualquier situación de vida.

Con esto no te estoy condenando por tener hijos y tampoco te quiero motivar a que no los tengas si en realidad tienes la voluntad de formar una familia, pero hay formas y tiempos diferentes para hacerlo.

¿ES UNA DECISIÓN INTELIGENTE NO TENER HIJOS?

Conozco a personas que piensan que la única desventaja de no tener hijos es que nunca faltará una tía, una mamá o una abuela preguntando cosas como "¿cuándo me darás un nieto?", o "¿cuándo me darás un sobrinito?".

Al profesor David Barash, experto en psicología y biología evolutiva de la Universidad de Washington en Estados Unidos y autor del libro *The Whisperings Within* (*Los susurros internos*) le preguntaron por qué cada vez más gente opta por no tener hijos. Y su respuesta fue: "No sorprende de ninguna forma porque demuestra la característica más notable de la especie humana: la capacidad de decir no.

El profesor Barash agregó que "en toda la historia los seres humanos no han tenido el lujo de decidir si reproducirse o no; simplemente bastaba con involucrarse en una relación sexual para hacerlo. Sin embargo, han surgido movimientos que intentan demostrar que el deseo de ser madre, o lo que solemos llamar 'instinto maternal', es una inclinación más cultural que biológica". No obstante, Salmos 127:3 dice: "He aquí, herencia de Jehová son los hijos; cosa de estima el fruto del vientre".

Los hijos son un milagro. Es impresionante la complejidad de la concepción. Un mililitro de semen contiene entre 15 y 200 millones de espermatozoides y al momento del acto sexual tan solo uno de ellos fecundará el óvulo de la mujer. Si esto no es un milagro, entonces nada lo es. Algo tan preciso y perfecto solo puede ser obra de Dios. Salmos 139:15-16 dice:

> No fue encubierto de ti mi cuerpo, bien que en oculto fui formado, y entretejido en lo más profundo de la tierra. Mi embrión vieron tus ojos, y en tu libro estaban escritas todas aquellas cosas que fueron luego formadas, sin faltar una de ellas.

———

"NO PUEDO TENER HIJOS"

En el Antiguo Testamento, en el primer libro de Samuel, leemos que Ana, a pesar de tener un marido, no podía tener hijos. Esta situación puede llegar a ser frustrante para cualquier mujer y no solo podría afectar su identidad como instrumento enviado por Dios para dar vida, sino también se podría convertir en el *detonante infinito* que determine una vida infeliz.

Ese fue el caso de Ana hasta que el profeta Elí le dijo que el Dios de Israel concedería su petición de ser madre. Y ella lo creyó. Aquí en este punto, su fe fue determinante para que el milagro sucediera. Fue así como nació el profeta Samuel.

Ahora, en estos tiempos, hay más recursos médicos y científicos que los que tenía Ana en su tiempo. Esto puede brindar mayor esperanza a las mujeres que tienen dificultades para ser madres, pero el milagro solo lo hace el Señor.

En Casa de Dios se lleva a cabo un retiro específicamente para ministrar y ayudar a las parejas que por alguna u otra razón no pueden procrear. Estando allí he sido testigo de cómo el Señor ha obrado milagrosamente en personas que llevaban muchos años de intentarlo.

"SOY MADRE SOLTERA"

Una madre es madre sin importar su situación. Su labor apenas empieza con el parto y aun desde antes. Ella cuida, alimenta e instruye a sus hijos. Ama incondicionalmente.

Ser madre
no es una cuestión
espiritual y mucho
menos religiosa.
Ser madre, y todo
lo que implica,
es una cuestión
puramente natural.

Esto quiere decir que una madre tiene estas cualidades sin importar si es rubia, si es adinerada, si es pobre, si es soltera, si es casada, si es divorciada, si es profesional o incluso si cree o no ser hija de Dios. Ser madre no es una cuestión espiritual y mucho menos religiosa. Ser madre, y todo lo que implica, es una cuestión puramente natural.

La presencia de Dios es importante en estos casos. En 2012 el *Diario de Matrimonio y Familia* publicó un estudio tomando como muestra a 1,134 madres solteras y llegó a la conclusión de que las madres que asisten a servicios religiosos ofrecen mayores oportunidades de desarrollo para sus hijos.

Asimismo, un reporte publicado ese mismo año por *Child Trends* demuestra que independientemente del estatus económico de una madre soltera, a las que regularmente se les ofreció apoyo emocional criaron hijos exitosos que tendían a mostrar alta competencia social y compromiso académico.

Otro estudio publicado en 2002 por la Revista de Demografía de la Comisión Económica para América Latina y el Caribe (CEPAL) demostró que los adolescentes que viven con madres solteras en hogares multigeneracionales tienen desarrollos que son "por lo menos, tan buenos y muchas veces mejores que los de los adolescentes en familias de un matrimonio".

Sin embargo, siempre hay excepciones a casi cualquier regla. También hay madres solteras que de uno u otro modo les fallan a sus hijos. Pero lo que intento demostrarte es que no dejas de tener identidad de madre solo por no tener a alguien a tu lado y que, en estos casos, Dios puede ser el mejor aliado.

DESPUÉS DE LA LAPAROSCOPÍA Y LA HISTERECTOMÍA

Cuando escuché estos términos yo también me pregunté: "laparosco... ¿qué?", "¿Histere... qué?". La primera es una cirugía que liga las trompas de Falopio y la segunda es la que coloquialmente conocemos como extirpación de útero. Yo me hice la primera luego de mi tercer parto sin saber que más adelante necesitaría hacerme la segunda por problemas de salud en la matriz relacionados con fibromas. El médico me advirtió que lo pensara porque era un procedimiento irreversible, pero al final lo hice por mi salud.

Mi verdadera historia con estas operaciones inicia más adelante, con las repercusiones psicológicas que experimenté en aquel momento a partir de reacciones naturales de mi organismo. Mi cuerpo estaba configurado para ser madre, sin embargo, ahora lo había despojado de esa función. Esto me llevó a una crisis seria de identidad donde, sin saberlo, empecé a cuestionarme si sería capaz de desempeñar mi papel de mamá con soltura. Para entonces el mayor de mis hijos aún no cumplía ni los 10 años.

Una noche, en Costa Rica —hoy hace más de 25 años— acompañaba por primera vez a mi esposo en una de las conferencias más importantes sobre el tema del Espíritu Santo, en una iglesia. Yo estaba sentada en las primeras filas, sin embargo, me sentía tan incómoda que todo me estaba desagradando: los expositores, la gente, el ambiente, el mensaje, la música... Todo. De repente supe que no quería estar allí. Y no es que ellos lo estuvieran haciendo mal, sino que era yo la del problema. A pesar de que no renegué en ningún momento contra Dios o mi fe, simplemente me quería ir. Le dije a Dios: "Señor, ayúdame a encontrar a alguien que me explique lo que me está sucediendo".

Cuando me disponía a salir del lugar, una señora pasó a mi lado y yo la tomé del brazo, exponiéndole que necesitaba desahogarme. Empecé a llorar con un sentimiento de desesperación. Le dije que no estaba cómoda estando allí y que me estaba pasando algo que yo no lograba entender. Ella me quedó viendo fijamente y me dijo: "Soy psicóloga". En ese momento empecé a reír con mucha euforia porque me estaba dando cuenta de que era Dios quien me daría una respuesta por medio de ella.

Luego de que terminé de reír, pensé que ella me iba a decir algo como: "A ver, vamos a orar", o "Usted necesita arrepentimiento", o ministrarme de alguna otra forma. En vez de eso me preguntó: "¿Usted se operó para ya no tener hijos?". Le respondí que sí y pensé qué increíble que me hubiera salido con eso. Ella me explicó que lo que los doctores casi nunca mencionan sobre este tipo de intervenciones es que no solo se bloquea la capacidad de procrear, sino también el proceso natural de ovulación, situación que afecta psicológicamente a las mujeres y que repercute en sus emociones y hasta en su sexualidad.

"Debes aprender a dominar estas circunstancias y no permitir que ellas te dominen a ti", me dijo entonces la psicóloga. "Observa cuáles y cuántos son los días que más te afectan durante el mes y controla tus sentimientos de antemano".

Todo empezó por una simple operación. Esta intervención incluso me hizo dudar de las decisiones importantes acerca de mi matrimonio y mi familia (como lo podrás leer más adelante). Es tan poderosa la configuración que Dios obró en nosotras las mujeres que, al sentirnos despojadas de ella, corremos el riesgo de alterar considerablemente nuestra identidad.

La vida es un milagro y todas las mujeres merecen el honor de procrear y ver crecer a sus siguientes generaciones, disfrutar de ese amor inigualable e inexplicable que solo llega con la maternidad y que fortalece enormemente nuestra identidad.

Mujer: no te digo que es una obligación tener hijos. De hecho, podrías tomar la decisión de no tenerlos y todos tendrían que respetarla. Sin embargo, algo que no puedes negar es que fuimos diseñadas para esa función específica.

PREGUNTAS DE REFLEXIÓN

1. ¿Cuán preparada estás emocional, física y económicamente para ser madre?

2. ¿Tienes temor o dudas de ser madre?

14

LA IDENTIDAD Y LOS HIJOS

Desde que éramos novios mi esposo y yo hablamos de la posibilidad de tener "varios" hijos, aunque en ese momento no nos pusimos de acuerdo sobre exactamente cuántos podrían ser. Recuerdo que a mí me hubiera gustado tener seis, quizás porque provengo de una familia numerosa; pero a mi esposo, que es hijo único, tal vez solo le hubiera bastado con dos.

Al final tuvimos tres: Carlos Enrique "Cashito", Juan Diego y Ana Gabriela. Seguimos la recomendación del psicólogo de no dejar pasar más de tres años entre el nacimiento de uno y otro para que no hubiera brecha generacional entre ellos y pudieran ser más afines. Por eso nacieron exactamente con dos años y medio de diferencia.

Fue hasta después del nacimiento de Ana Gabriela que empecé a manifestar una crisis de identidad que fue apareciendo en diferentes momentos, uno de los cuales ya relaté en el capítulo anterior. Pero luego de compartirlo con otras mujeres me di cuenta de que el mío no fue un caso aislado y que estas crisis son comunes en nosotras. Generalmente se manifiestan cuando nos encontramos en la plenitud de la vida.

Cuando estamos casadas y tenemos hijos generalmente empezamos a preguntarnos si los estamos criando bien o si tomamos la mejor decisión al formar un hogar; y si estamos solteras, nos empezamos a preguntar si alguna vez formaremos una familia o si cumpliremos nuestras metas personales como trabajar de lo que estudiamos o tener una casa propia. Yo asocio todo esto a lo que comúnmente llamamos "crisis de los 30", pero me atrevería a afirmar que en el caso de las mujeres se acentúa más.

Recuerdo que un día me dije: "Ya son tres hijos, ¿y ahora qué hago?". Aunque siempre tuve el apoyo incondicional de mi esposo en todo sentido (tanto económico como emocionalmente), en casa llegué a sentirme muy sola con la responsabilidad de cuidarlos cuando estaban pequeños y Cash se iba de viaje a predicar. Me sentía sola sin en realidad estarlo, porque, aunque él no estuviera presente, estaba pendiente de todo. Nos llamaba por teléfono todos los días para saber cómo estábamos y se interesaba en cómo iban las cosas en el hogar.

Mi rutina por aquellos años consistía en dejarlos y recogerlos del colegio, hacer la tarea con ellos y llevar a cabo los quehaceres del hogar, además de cumplir con otras funciones de las empresas de mi esposo, como llevar su agenda o archivar documentos. Todo esto lo hacía desde casa y fue agotador; tanto así que aquellas ganas de tener seis hijos empezaron a desvanecerse y a convertirse en dudas, preocupaciones y falta de satisfacción personal con los que ya tenía.

Cuando empecé a sentir que era yo la del problema le pregunté a Dios en oración si en realidad debía volver a ser madre y nos dio como respuesta una mayor actividad ministerial, no solo para mi esposo, sino también para mí, a medida que nuestros hijos crecían. Fue entonces cuando tomé la decisión de operarme debido a los problemas de fibromas que ya mencioné antes.

LOS HIJOS SON UN APRENDIZAJE CONSTANTE

Al inicio de nuestra responsabilidad como padres mi esposo me motivó a leer libros acerca de cómo educar a los hijos. Fue así como encontré varios títulos interesantes: *Cómo desarrollar el temperamento de su hijo*, de Beverly La Haye; o *¡Ayúdenme! Soy padre*, de Bruce Narromore, por mencionar algunos.

Aquellas lecturas me enseñaron que debía conocer a cada hijo aparte y que no podía esperar las mismas reacciones y comportamientos de cada uno. Un día me imaginé darles un chocolate de la misma marca y del mismo tamaño y cómo podrían reaccionar. Seguramente Cashito se lo comería rápido y se iría con sus amigos. Juan Diego se lo comería despacio, pero al final pediría otro chocolate. Anita, en cambio, lo guardaría para más tarde.

De igual modo aprendí a usar diferentes tipos de corrección según su temperamento. Si bien a los tres les di nalgadas cuando se portaban mal, Cashito (sanguíneo, colérico y flemático) aprendía mejor con un castigo donde le quitara algunos privilegios. Juan Diego, en cambio (melancólico y colérico), se intimidaba con una regañada severa donde le hacía ver la gravedad de su error; mientras que con Ana Gabriela (melancólica y colérica) podía funcionar más la intervención de su papá que cualquiera de los castigos que yo pudiera darle. Por esa razón ambos padres deberían involucrarse siempre en la educación de los hijos.

A medida que ellos crecían yo me fui viendo reflejada en algunas de las cualidades y defectos de los tres, características que alguna vez influyeron en mi identidad como pude ver que ahora influía en la de ellos. Por ejemplo, Ana Gabriela se enojaba como yo lo hacía en la adolescencia. Cashito también se enojaba, pero sin exteriorizarlo, y me recordó a mí misma cuando era niña. Estos son apenas algunos de los rasgos que me unen a ellos. Y si yo pude superarlos para que no afectaran mi identidad, sabía que ellos también podían hacerlo.

Un día, cuando mi hijo mayor tenía ocho o nueve años, hizo algo mal y lo llamé para corregirlo. En ese momento él andaba en bicicleta con sus amigos. Cuando le expliqué lo que había hecho mal, él sin esperar más se inclinó de tal modo

Ambos
padres deberían
involucrarse siempre
en la educación
de los hijos.

que pudiera pegarle en las nalgas. "Está bien, pégame, rápido. Apúrate", me dijo. Quería que lo hiciera rápido para que él pudiera seguir jugando en bicicleta. Su gesto me molestó aún más, pero no me desquité con él en ese momento, sino más bien le pedí sabiduría y entendimiento a Dios sobre cómo corregirlo. Ese día descubrí que para castigar a Cashito no bastaba pegarle, sino privarlo de las cosas que más disfrutaba.

Mientras que Cashito era más extrovertido, Juan Diego era más bien todo lo contrario, muy melancólico y sentimental. Una vez, cuando él estaba muy pequeño, mi esposo y yo lo encontramos llorando en su cuarto porque sus zapatos no combinaban con la ropa. Le explicamos amablemente que esa no era una razón para llorar y en vez de comprarle otro par, le motivamos a usar esos, aunque según él no le combinaran. Lo que quisimos demostrarle es que no había un problema real en ello y que muchas veces tendremos que aprender a vivir todo tipo de situaciones, aunque no sean las ideales.

Ana Gabriela se caracterizó desde muy niña por tener un temperamento fuerte y dominante en comparación al de sus hermanos. Desde muy pequeña mostró una gran destreza para las negociaciones que le llevaran a conseguir siempre lo que quería, pero cuando no lo lograba, no reaccionaba bien. En una ocasión le pedí que levantara un suéter que se le había caído a su hermano sin que se diera cuenta, pero nunca me esperé su reacción: "¿Y por qué lo tengo que levantar yo? ¡Que lo levante él!" Yo le dije: "Porque se le cayó sin querer y es una forma de servirle". "Pues no: que me sirva él a mí, no yo a él", fue su respuesta final.

Todo esto me servía a mí para darme cuenta de cómo podía llegar a ellos. Si bien cada uno tenía distintas formas de reaccionar ante un conflicto de niñez, mi esposo y yo aplicamos la misma regla de oro que aplicaron mis padres conmigo: jamás los comparamos. Nunca les dijimos cosas como "Él es más capaz que tú" o "Tal vez a ella le iría mejor hacer eso que a ti". Si bien alguna vez uno de ellos me reclamó diciéndome que yo tenía un favorito —cosa que no era así— siempre les demostré que los amaba por igual, solo que hay diferentes tipos de emisores y receptores cuando se trata de dar y recibir amor.

En psicología se estudian diferentes tipos de apego. El apego ansioso, el apego ambivalente, el apego evitativo y el apego desordenado son algunos de los tipos de apegos negativos, pero también está el apego seguro, que se forma cuando hay padres receptivos y sensibles y les permiten a los hijos desarrollar un buen concepto de sí mismos y un sentimiento de confianza hacia los demás. El apego es algo natural en los seres humanos, pero lo que no es saludable es la codependencia.

Todos tenemos formas distintas de amar dependiendo a quién. Por ejemplo, mientras que Juan Diego cortaba una flor para regalármela, Cashito con su elocuencia me hacía reír. Ana Gabriela, por su parte, tomaba el papel de una amiga inseparable. Siempre me involucraba en sus cosas y me acompañaba a todos lados. Incluso hasta me animaba a hacer dietas e ir al gimnasio con ella. Sus formas de amar siempre fueron diferentes y mi reacción fue acorde a cada una de ellas.

El apego es
algo natural en
los seres humanos,
pero lo que no es
saludable es la
codependencia.

De esta forma pasé aproximadamente doce años criando a mis hijos, dedicados totalmente a mi hogar. Fue un tiempo extraordinario donde me entregué exclusivamente a ellos y que no cambiaría por nada. En ese tiempo aún no era pastora, ni llevaba a cabo las labores del ministerio que había fundado con mi esposo. Además, fue una época donde él y yo influimos en la personalidad de ellos para que pudieran encontrar el *detonante infinito* que les ayudara a definir su identidad. En pocas palabras, nosotros les mostramos el camino para que ellos mismos pudieran encontrar la respuesta.

A partir de los 9 años ya se empezaban a notar los resultados de lo que habíamos sembrado en sus mentes y corazones. A esa edad ya emitían opiniones y tenían sus propios conceptos sobre el dinero, el alcohol, la mentira, los amigos, las drogas o el sexo. Observé cómo jugaban, competían, se alimentaban y hasta su forma de guardar los juguetes.

Cash y yo como padres nos encargamos de reforzar en ellos los buenos hábitos y valores cristianos, pero la decisión personal de aceptar el amor y perdón de Jesús y de servir a Dios fue de cada uno en diferente tiempo. Ahora los tres están casados y cada uno por su lado funge como pastor a tiempo completo, pero nunca les impusimos el camino que debían seguir, solo se los mostramos, y dejamos que fueran ellos quienes tuvieran un encuentro personal con Dios, encontrando su propio *detonante infinito* que les permitió estar donde están hoy.

NUESTRA OTRA HIJA

No quisiera dejar de lado mi experiencia y la de mi esposo como padres adoptivos. Hace muchos años una prima de él tuvo un accidente fatal, dejando huérfana a Andrea, una niña preciosa de 6 años que en ese momento se quedó con su abuelita hasta que esta falleció. Fue entonces que decidimos aceptarla como hija cuando ella tenía 13 años.

Rápidamente le tomamos mucho cariño. Anita, nuestra hija menor, no tenía hermanas y cuando Andrea llegó a nuestra vida ambas fueron muy unidas. Antes lo consultamos con nuestros hijos y todos estuvieron muy de acuerdo en abrirle las puertas de nuestro hogar, brindándole a Andrea apoyo emocional, académico y espiritual, y proveyéndole todo lo necesario, al igual que a nuestros demás hijos, para que pudiera desarrollarse en la vida.

Así como pasó con Cashito, Juan Diego y Anita, Andrea también tuvo que madurar a su tiempo. Con ella aprendí que todo hijo —de sangre o no— debe superar obstáculos que les impiden crecer como personas, por ejemplo, el abandono, el abuso y la sobreprotección.

Ahora Andrea es una mujer adulta en la flor de su juventud y aunque ya no vive con nosotros, la seguimos amando y estamos siempre pendientes de ella. Los doce años que ella vivió con nosotros también probaron mi identidad como madre y me demostraron que no hay familia perfecta, pues, aunque no fui su madre natural, creí que lo podía ser y esto no se hizo realidad. Ella, en lo que yo atribuyo a su propia crisis de identidad, sintió una necesidad natural de reencontrarse con sus orígenes y buscar un sentido de pertenencia que le fue arrebatado desde su niñez. Esto solo fue posible cuando pudimos soltarla para que lo hiciera por sí misma.

PREGUNTAS DE REFLEXIÓN

1. ¿Conoces la personalidad de cada uno de tus hijos? ¿Las respetas y sabes interactuar con quién es cada uno?

2. ¿Cómo adaptas tu identidad para mejorar las relaciones con tus hijos?

15

¿POR QUÉ SIRVO A DIOS Y A LAS PERSONAS?

La gente me ha hecho preguntas recurrentes en todos los lugares donde he predicado la Palabra de Dios. Una de ella es: "¿Puede una mujer estar al frente de un ministerio cristiano?". Mi respuesta siempre ha sido la misma: "Por supuesto que sí. ¿Por qué no podría?".

Pero más que estar al frente, yo lo veo más bien como una cuestión de servicio. Pastorear a una congregación no es la única forma en que podemos servirle a Dios y a las personas.

Tampoco es la más fácil, mucho menos la más inspiradora. Me atrevería a decir que es una de las que más crisis de identidad provoca, y que todos los líderes religiosos hemos afrontado por lo menos una de estas crisis durante nuestro ministerio.

La segunda pregunta es: "¿Por qué debo servir?". La razón principal para servir tendría que ser el amor, pero además porque es una bendición garantizada. Dios nunca se quedará de brazos cruzados ante nuestras buenas intenciones por ayudar a la gente.

Otra pregunta es: "¿Cómo puedo servir?". Hace un par de años tuve la oportunidad de escribir los comentarios del libro *21 maravillosos regalos de Dios*, de Chiqui Corzo. En él, su autora reordena y clasifica los dones otorgados por el Señor a las personas según los libros de Corintios, Efesios y Romanos, explicando y analizando las características de cada uno y ejemplificando situaciones bíblicas y cotidianas donde pueden ponerse en práctica.

Es que Dios nos dio dones y talentos para que podamos emplearlos en el servicio a los demás. En Fraternidad Cristiana de Guatemala, nuestra iglesia madre —la primera donde nos congregamos mi esposo y yo, la que nos formó y donde dimos nuestros primeros pasos en la fe—, me dieron la oportunidad de servir en distintas áreas.

En un principio elegí servir cuidando niños durante los servicios dominicales y fue una labor que hice por muchos años y que continué cuando se fundó Casa de Dios. Llegué a cuidar niños desde que eran recién nacidos hasta casi adolescentes. Algo que nunca olvido es cuando mi hijo mayor

Pastorear a una
congregación no es
la única forma en
que podemos
servirle a Dios
y a las personas.

me dijo "mamá" por primera vez en la sala cuna de la escuela dominical mientras cuidaba a otros bebés.

Tuve la oportunidad de ser parte del coro de la iglesia. Siempre me ha gustado cantar y adorar a Dios; y aunque no tengo voz de solista, Él me concedió grabar un casete de alabanzas como corista junto con otras vocalistas.

Fui anfitriona en las puertas del templo y coordiné a grupos de jóvenes junto a mi esposo, ayudándolos a fortalecer su crecimiento espiritual. A lo que quiero llegar es que formas de servir hay muchas. Para servir solo debes acercarte y ofrecer tus dones y talentos. Esto no te obliga a ser una predicadora o una evangelista para poder agradar a Dios con tu servicio.

La primera vez que subí a un púlpito como pastora ya llevaba más o menos veinte años de estar sirviendo en otras áreas. De hecho, cuando mi esposo ya llevaba años de ser el pastor general de Casa de Dios yo aún servía en la escuela dominical. El servicio es parte de nuestro ADN como iglesia, no solo como cristianos, sino como institución que vela por el bienestar emocional y espiritual de las personas. El servicio también nos da identidad como hijos de Dios y coherederos con Jesús.

COMO PASTORA

Aprovecho esta sección del libro para aclarar algo a las mujeres llamadas a servir a Dios y cuyos esposos han sido llamados al ministerio. ¡No estás obligada a empezar tu servicio como pastora! El primer don operacional que tenemos es servir a Dios. Puedes servir en muchas áreas del ministerio mientras crías a tus hijos, atiendes tu hogar y llevas a cabo a consciencia y con amor el ministerio de tu familia. Yo evolucioné en el servicio a Dios hasta llegar a ser la pastora que soy hoy.

Casa de Dios como iglesia se fundó a mediados de la década de 1990, pero subí a un púlpito como predicadora en el año 2001. ¿Por qué no antes? Porque aún tenía mucho trabajo como mamá, terminando de criar a mis hijos, ayudándolos en sus estudios, a practicar deportes y a desarrollarse en la vida. Cuando me casé, en ningún momento me pasó por la mente ser líder junto con Cash de un ministerio cristiano de influencia internacional como Casa de Dios.

No puedo negarte que esta situación también afectó mi identidad y me llenó de dudas recurrentes a lo largo de los años. No fueron pocas las veces en las que pensé: "Las personas acuden a mí en busca de consejo y ministración, pero ¿quién vela por mí?". o "Las mujeres piden que interceda por ellas ante Dios para que Él les ayude a cumplir sus sueños, pero ¿en dónde quedan mis propios sueños y lo que yo anhelaba para mi vida cuando era joven?".

Ahora que veo hacia atrás me doy cuenta de que todo este tiempo como pastora y predicadora ha sido muy gratificante porque me ha permitido acercarme a las personas y conocer de primera mano cómo piensan y cómo Dios ha obrado en su vida. Es cierto que predicar ha sido una gran bendición, pero este llamado también está relacionado con la satisfacción del servicio.

ESTAR CASADA CON UNA FIGURA PÚBLICA

Algunas personas me han dicho: "Pastora, ¡qué bendecida es usted por el esposo que Dios le dio!" Y es muy cierto. Soy bendecida porque el Señor nos unió, porque nos amamos, nos llevamos bien y, sobre todo, por el respeto mutuo, el cual ha sido trabajo de ambos desde nuestros inicios.

Cuando me preguntan cosas como "¿Qué sientes al estar casada con una persona reconocida?", les respondo que me siento muy bendecida, pero nunca expreso mi preocupación, pues, a fin de cuentas, Cash es una persona expuesta.

Ya les relaté que no lo conocí como una figura pública, sino como un joven guapo, esforzado, trabajador y lleno de energía, como un deportista y líder inteligente que sabía muy bien lo que deseaba para su vida, y era servir a Dios. Le doy a gracias al Señor porque Él nos permitió madurar paso a paso en cada etapa de nuestra vida, pues, de haber conocido a Cash como una persona mediática quizás hubiera terminado por huir de esa relación.

Sin embargo, ahora eso no me afecta. Si bien he pasado por crisis de identidad durante mi matrimonio, en realidad han tenido más que ver con dudas relacionadas a la capacidad de criar de mejor forma a mis hijos, pero nunca por verme "ensombrecida" ante la figura de mi esposo. Sé que a Dios le agrada verme ahora sobre un púlpito al igual que cuando cuidaba bebés hace muchos años. Todo lo que suma es bienvenido en Su reino.

NUESTRO LLAMADO PARA EXPANDIR EL REINO DE DIOS

"A quien Dios usa y unge con Su Espíritu le da más trabajo y responsabilidad", suele decir mi esposo. Por circunstancias de la vida llegó el día en que tuvimos que hacer cambios en nuestra forma de servir a Dios y acudimos a Su llamado. Dejamos de ser coordinadores de jóvenes en la iglesia a la que asistíamos para fundar un nuevo ministerio donde pudiéramos seguir expandiendo Su reino.

Antes le pedimos consejo a Jorge López, nuestro pastor en Fraternidad Cristiana, y él mismo oró por nosotros, deseándonos lo mejor y confiando en que llevaríamos a cabo esta nueva etapa con esfuerzo y soltura.

Fue así como después de once años de servicio constante en nuestra iglesia madre nos mudamos a un sector a las afueras de la Ciudad de Guatemala donde para entonces no había iglesias. Mi esposo empezó a predicar la Palabra en la sala de una casa familiar donde vivían unos amigos muy queridos y no pasaron muchas semanas para que tuviéramos que salir al terreno que se encontraba detrás de la casa porque ya no cabía más gente.

El crecimiento de la iglesia fue sobrenatural desde entonces. Una a una las bodegas, los salones de hotel y los templos se fueron quedando demasiado pequeños para la cantidad de personas que se congregaban en la iglesia y eso nos motivó a crecer en fe.

Sé que a Dios
le agrada verme
ahora sobre un
púlpito al igual que
cuando cuidaba bebés
hace muchos años.
Todo lo que suma es
bienvenido en Su reino.

El libro *Al Arquitecto y Creador del Universo* (2018) no solo analiza la historia arquitectónica de los templos, sino además los inicios de Casa de Dios como iglesia. A lo largo de estos años nuestra labor, más allá de llevar a las personas a los pies de Cristo, es motivarlas a crear redes y grupos de amistad siguiendo el ejemplo del Salvador. Así lo dice nuestra visión, basándonos en las Escrituras Mateo 28:19 y Juan 15:13:

> *Id y haced discípulos a todos los guatemaltecos, enseñándoles lo que Jesús nos mandó, por medio de grupos de amistad en donde se nos enseña a dar la vida por los amigos.*

Doy fe que Casa de Dios hoy no existiría si no fuera por la vocación de servicio de sus miembros y por los grupos de amistad que la han fortalecido y le han dado una identidad como iglesia. Me siento muy afortunada de servir en un ministerio cristiano basado en la amistad.

PREGUNTAS DE REFLEXIÓN

1. ¿A cuáles áreas en el ministerio te sientes llamada para servir a Dios?

2. ¿Cómo relacionas tu llamado con tu identidad?

16

LA BENDICIÓN DE INTERCEDER

La oración es la forma más sencilla y directa de hablar con Dios, pero la intercesión va más allá de eso porque expone nuestro amor por otras personas. Una oración de intercesión no es más que una donde le pedimos al Señor específicamente por alguien más, para que sane alguna de sus dolencias físicas, emocionales o espirituales.

JESÚS: EL GRAN INTERCESOR

Jesús es el ejemplo perfecto de un intercesor. Él no vino para curar a los sanos, sino a los enfermos. No vino a salvar a los justos, sino a los pecadores. Esa es la razón por la cual los cristianos predicamos acerca del Salvador, aquel que nos ama y nos libra de la muerte eterna si confiamos en Él.

Para Dios yo no soy más ni menos especial que Anna, que Víctor o que cualquier otra persona cuyo testimonio haya reunido en este libro. Todos somos pecadores y como tal somos personas en construcción. Esto quiere decir que nuestra identidad se va forjando desde antes de nacer hasta el último día de nuestra vida. Por lo tanto, debemos aceptarnos por quienes somos y por quienes decidimos ser, intercediendo los unos por los otros ante nuestro Padre.

Desde 2004 dirijo el Ministerio de Intercesión de Casa de Dios, lugar donde forjamos a intercesores para que puedan orar por la salvación de otros, pero también por las dolencias físicas y emocionales que padecen en su paso por este mundo. Mi anhelo es que cada persona pueda acerarse a Cristo e interceder por el bienestar de otros pecadores que aún no le conocen. Aunque Dios aborrece el pecado, ama al pecador como a Sus propios hijos.

EL PAPEL INTERCESOR DE LA IGLESIA

El papel de la Iglesia como organismo establecido por Dios en la Tierra no es juzgar o condenar, sino facilitar la reconciliación de las personas con Su amor. 2 Corintios 5:18-19 dice:

Y todo esto proviene de Dios, quien nos reconcilió consigo mismo por Cristo, y nos dio el ministerio de la

reconciliación; que Dios estaba en Cristo reconciliando
consigo al mundo, no tomándoles en cuenta a los hombres
sus pecados, y nos encargó a nosotros la palabra de la
reconciliación.

———

La Iglesia Cristiana no debería rechazar a los pecadores, sino todo lo contrario: acogerlos para que conozcan la misericordia del Señor. Debe instruirlos en la Palabra de Dios para que ellos mismos tomen las mejores decisiones para su vida. Debe hablarles del maravilloso regalo de la salvación y reiterarles de una y mil formas que Jesús pagó también por sus pecados.

Sigamos el ejemplo de Cristo y no discriminemos a nadie, por ninguna razón. Él nos ha encomendado el cuidado de todos, instándolos a apartarse de la vana manera de vivir, pero sin dejar de amarlos. Gálatas 6:1-2 dice:

Hermanos, si alguno fuere sorprendido en alguna falta,
vosotros que sois espirituales, restauradle con espíritu de
mansedumbre, considerándote a ti mismo, no sea que tú
también seas tentado. Sobrellevad los unos las cargas de
los otros, y cumplid así la ley de Cristo.

———

Como pastora general de Casa de Dios y fundadora del Ministerio de Intercesión siempre he velado porque nuestras oraciones de intercesión estén motivadas por las razones correctas; o sea, por el cuidado y el bienestar de las personas,

El papel de la iglesia
como organismo
establecido por Dios
en la Tierra no es
juzgar o condenar,
sino facilitar la
reconciliación de
las personas con
Su amor.

más que por su forma de ser en su identidad. Esto quiere decir que en nuestras oraciones también pedimos por la sanidad física de las personas ateas, por el bienestar emocional de las personas que nos desprecian, por el entendimiento de las personas de otras religiones que no creen en Jesús y hasta por la sabiduría de las personas que nos gobiernan, lo hagan bien o no.

Interceder es cuestión de amar a los demás y confiar que Dios les puede cambiar la vida para bien.

PREGUNTAS DE REFLEXIÓN

1. ¿En tu familia practican el hábito de interceder por otras personas?

2. ¿Cuándo fue la última vez que intercediste ante el Señor por alguien?

EPÍLOGO: EL DETONANTE INFINITO LLAMADO *DIOS*

Mis padres nos bautizaron a mis hermanos y a mí según las normas de la iglesia católica. Por eso sé que provengo de una familia que, por lo menos, creía en Dios. Sin embargo, prácticamente nunca íbamos a misa y pasamos toda nuestra infancia sin llevar a cabo las ceremonias sacramentales que hace toda persona católica.

El primer encuentro real que yo recuerdo haber tenido con Dios fue hasta los 9 años, cuando le pedí que si alguna vez llegaba a tener un novio —cuando yo ni siquiera sabía bien lo que significaba "tener novio"—, que me viera bonita, que me quisiera y que estuviera interesado completamente en Él.

Este encuentro íntimo con el Señor se repitió muchas veces a lo largo de mi vida, volviéndose una constante que estuvo presente tanto en los buenos como en los malos momentos: cuando pasé por crisis de identidad y cuando gocé de mayor autoestima y seguridad; cuando agradecí Su infinito amor y cuando renegué los planes que tenía para mí porque en ese momento no los entendía.

Años después de aquella primera oración de infancia, Dios volvió a manifestarse, cada vez con más fuerza. Dinora Jacobs, mi amiga de la infancia en Retalhuleu, lo siguió siendo durante mi adolescencia cuando nos mudamos de nuevo a la Ciudad de Guatemala. Ella siempre me escuchó cuando había problemas en mi casa y necesitaba desahogarme con alguien, por eso muchas veces corrí a ella en búsqueda de consuelo. Hoy veo a Dinora como un ejemplo de que en cada etapa de nuestra vida hay amistades que nos marcan para siempre. Y Dios me ha bendecido con muchas amigas como ella: cada una importante para mí en su momento.

Algo que nunca se me olvida es la paz y la armonía que siempre había en casa de Dinora. En ese lugar se sentía algo diferente, una sensación de felicidad que yo no me lograba explicar, pero que no se sentía en la mía a pesar de estar al lado. No tardé mucho en darme cuenta de que aquello que estaba en ese hogar y no en el mío era Dios, y que yo también quería eso para mi vida.

Mientras tanto, Dinora pasó mucho tiempo invitándome a un campamento de jóvenes de siete días. Insistió tanto, que un día por fin me convenció. Fue allí, cuando recién cumplía los quince años, que fue desafiado mi corazón y volví a experimentar un encuentro cercano con el Señor. Durante ese retiro reconocí por primera vez que todos somos pecadores y que necesitamos salvación. Es por ello que luego de una invitación a recibir a Jesús decidí hacer esa oración tan sencilla, pero tan poderosa, que nos da esa identidad en Dios. Romanos 10:9-10 dice:

> *Que si confesares con tu boca que Jesús es el Señor, y creyeres en tu corazón que Dios le levantó de los muertos, serás salvo. Porque con el corazón se cree para justicia, pero con la boca se confiesa para salvación.*

———

Desde entonces mi vida cambió. Dios pasó a ser mi *detonante infinito* y ha estado siempre presente.

Eso no significaba que mi vida sería perfecta de ahora en adelante. De hecho, cuando pensé que aquellas primeras experiencias con Dios ya eran cosa del pasado, no sentí reparo en reclamarle cuando falleció mi hermano Calín, llena de resentimiento y hambrienta de venganza, diciéndole: "¿Por qué te lo llevaste a él y no a otra persona?". Pero también le di infinitas gracias cuando nos salvó a mi hija Ana

Gabriela y a mí luego de tener un parto muy complicado en su nacimiento.

Más adelante también llegué a dudar sobre si había tomado la mejor decisión de casarme bajo Su pacto, pero hoy le sigo dando gracias por los milagros de amor que hace a mi alrededor en personas como Anna, Víctor y Julia, y que me confirman a cada momento que nada es imposible para Él.

Lo que deseo explicar con todo esto es que la presencia de Dios, de una u otra forma, ha sido una constante en mi vida; incluso cuando tuve un concepto equivocado de Él y dudé de Sus planes de bien. Si esto ocurre es porque Él se convirtió en mi *detonante infinito*, razón que me motiva a levantarme todos los días.

Hoy te puedo asegurar que mi identidad está fortalecida en Dios y que no tengo dudas de que Él no solo es mi *detonante infinito*, sino que también puede ser el tuyo y el de cualquier persona que busque una vida plena. Y no solo me refiero a una vida después de la muerte, sino a una vida satisfecha aquí mismo en la Tierra.

Lo llames como lo quieras llamar, ese *ser, ente* o *fuerza superior* —pero a quien yo llamo Dios y mi *detonante infinito*— es lo que ha determinado mi identidad como hija que, a pesar de ser imperfecta, puede estar segura de que nunca se sentirá abandonada por mucho que el mundo me confunda a través de las nuevas modas y tendencias.

Tengas la edad
que tengas, nunca
es tarde para que
puedas experimentar
el *detonante infinito*
llamado Dios.

Gracias a Él ahora sé que soy *alguien* no solo por mis cualidades y mis defectos, sino porque nada es pura casualidad y Su amor me determina y está presente en mis decisiones importantes y hasta en mis olvidos (¿lo recuerdas?).

Con este libro no solo te invito a descubrir tu verdadera identidad como parte de este mundo, sino además a explorar la posibilidad de hacer de Dios el verdadero *detonante infinito* de tu vida. Aunque ahora mismo estés enemistada con Él, no lo entiendas o no comprendas Sus formas de obrar en ti, déjame decirte que no hace falta entenderlo demasiado para darnos cuenta de que nos ama: algo tan simple como nuestra libertad de elegir entre amarlo o no, no es más que una muestra de Su infinita bondad.

Mujer: tengas la edad que tengas, nunca es tarde para que puedas experimentar el *detonante infinito* llamado Dios. Esto no significa que tu vida vaya a ser perfecta luego de que lo hagas y aceptes a Cristo como tu salvador —pues te habrás dado cuenta a lo largo de las páginas de este libro que mi vida nunca ha sido perfecta a pesar de estar Él presente—; pero lo que sí te aseguro es que Él te dará un propósito y una razón de ser en cada día, hora, minuto y segundo de vida.

Más que un *detonante infinito*, Dios es un detonante universal porque está al alcance de todos. Él es ese *porqué* que me cambió la vida para siempre como también se la cambió a Anna, a Víctor, a Julia y a muchas personas más que he tenido la dicha de conocer desde mi primer encuentro con Él a los 9 años. Y sé, sin temor a equivocarme, que también podrá cambiártela a ti.

CUESTIONARIO DE EQUILIBRIO

Formularnos preguntas nos lleva a un estado de reflexión, estimulación y motivación. Además, nos ayuda a tomar decisiones que afecten para bien nuestra forma de pensar y de vivir. La idea es que nos conozcamos mejor y que por ningún motivo permitamos que la vida continúe sin que disfrutemos lo que hacemos y manteniendo un propósito determinado. Cuestionarnos y darnos respuestas honestas y objetivas también nos ayudará a encontrarle un sentido a los acontecimientos de nuestra vida.

Asimismo, cuando exteriorizamos nuestras dudas sacamos a la luz situaciones de nuestro subconsciente que no hemos explorado o que simplemente no hemos explorado de la mejor manera. Por ejemplo, alguna frustración no expresada al momento de una discusión o de un desacuerdo con alguien más. De habernos exteriorizado a tiempo con esa persona, quizás muchas cosas hubieran podido ser diferentes.

Te puedo asegurar que vas a poder madurar, evolucionar y crecer en la medida en que empieces a hacerte preguntas, analizarte y cuestionar tus propias acciones. Sin embargo, para que haya una verdadera transformación, cada pregunta debe ir acompañada de una respuesta transparente y honesta contigo misma. El resultado a corto, mediano y largo plazo te hará sentirte realizada y comprometida con tu Creador.

Es cierto que muchas veces cuando tenemos dudas acudimos inmediatamente a las Escrituras, para saber qué deberíamos hacer. Sin embargo, quiero motivarte a entender la diferencia entre hacer *lo que deberíamos hacer* (las instrucciones que encontramos en la Palabra de Dios) y *lo que queremos hacer*. Porque para ver resultados en nuestra vida, no basta solo con saber lo primero; también debe nacer en nosotras lo segundo.

Entonces, si la respuesta a qué *debemos* hacer está en la Biblia, ahora te invito a analizar: ¿qué *quieres* hacer? ¿Qué cambios necesitas para *querer* hacer lo que *deberías* y, además, disfrutarlo?

Es por eso que a continuación quiero proponerte una serie de preguntas que te reten y te ayuden a cuestionarte a ti misma. Aclaro que no son necesariamente las únicas, pero cada vez que tengas dudas acerca de quién eres o hacia dónde vas en la vida, como mínimo te invito a preguntarte las que te presentaré aquí.

La forma de hacerlo debe ser la siguiente:

1. Usa un cuaderno para llevar a cabo este ejercicio una vez al mes.

2. En una página del cuaderno coloca la fecha y escribe estas diez preguntas, con espacio para responder:

   a. ¿Quién soy?

   b. ¿Para qué estoy en este mundo?

   c. ¿Para qué hago lo que hago todos los días?

   d. ¿Tengo un objetivo de vida?

      Si la respuesta es sí, ¿hasta qué punto estoy comprometida con ese objetivo de vida?

   e. ¿Cuál es mi mayor motivación hoy?

   f. ¿Cuál es mi mayor motivación en la vida?

   g. ¿En qué áreas de mi vida me siento insatisfecha?

   h. ¿Qué *quiero* hacer?

i. ¿Qué *debo* hacer? (Si tienes dudas, en este punto puedes acudir en oración a las Escrituras para hallar la respuesta)

j. ¿Qué necesito para encontrar un equilibrio entre lo que *quiero* hacer y lo que *debo* hacer?

3. Responde cada pregunta sin rebuscar la respuesta, sino más bien con la mayor sinceridad posible. Salvo la pregunta *i* —cuya respuesta puedes escudriñar en la Biblia y en oración—, responde cada pregunta con lo que te nazca del corazón, no con lo que la mente o la inteligencia te digan que es correcto. Al contestarlas todas tendrás un panorama general de tu identidad, de dónde vienes y hacia dónde te diriges en la vida.

4. Lo que respondas en la pregunta *j* debe llevarte a tomar decisiones que impacten positivamente tu vida.

5. Repite este cuestionario en el mismo cuaderno y en la misma fecha calendario un mes después. Por ejemplo: si lo respondiste el 27 de mayo, vuelve a responderlo el 27 de junio y así sucesivamente por tiempo indefinido.

6. Compara y analiza tus respuestas de cada mes con las respuestas del mes anterior. Anota los avances y compártelos con las personas que más amas.

ACERCA DE SONIA LUNA

La pastora Sonia Luna se distingue por la fe y la sencillez de su corazón. Es una mujer que camina en la presencia del Espíritu Santo. Sus enseñanzas se caracterizan por contener revelaciones agudas de la Palabra de Dios y por la forma genuina y amena de compartirlas.

Recibió al Señor siendo adolescente en un retiro cristiano y desde entonces ha permanecido en Sus caminos sirviéndole con pasión. Inició en el ministerio de la alabanza y perteneció al grupo de servidores de la iglesia. Tiempo después fundó el ministerio de niños y jóvenes de Casa de Dios, conocido como Iglekids.

Hija de un piloto aviador y de una maestra de educación primaria, creció en un hogar integrado por cinco hermanos. El año que le entregó su corazón a Dios se graduó de Secretaria Ejecutiva Bilingüe en Guatemala. Además, estudió en Cosecha al Mundo, un instituto internacional en donde se preparan ministros. En este lugar obtuvo el título de reverendo.

Desde muy joven conoció a Cash Luna, con quien ha compartido el resto de su vida. Se casó a los 19 años y tiene tres hijos: Carlos Enrique, Juan Diego y Ana Gabriela, quienes hoy han formado sus propias familias y se dedican a tiempo completo a servir al Señor.

La pastora Sonia y su esposo, el pastor Cash, obedecieron de inmediato el llamado que Dios les hizo, por lo que, bajo la unción del Espíritu Santo, iniciaron las reuniones para compartir la Palabra con un pequeño grupo, en el hogar de una de las tres familias que se congregaban. De esa forma nació Casa de Dios. Desde el inicio, ella apoyó incondicional y activamente a su esposo, aunque hacerlo significó dejar de lado una vida profesional y empresarial.

Por otra parte, Sonia dirige el ministerio de intercesión de Casa de Dios, que promueve la oración e intercesión y forma a las personas con principios bíblicos para que se pongan a la brecha por sus familias, la iglesia y la nación. Sonia lidera el equipo que atiende las peticiones de oración que recibe el ministerio, provenientes de toda América Latina.

La pastora Luna comparte la Palabra en diversos congresos y ministerios dedicados a la mujer. Ha impulsado materiales de lectura como *21 maravillosos regalos de Dios* y el *Manual de intercesión*, entre otros; y además comparte sus experiencias personales en su blog alojado en el sitio web sonialuna.org, donde pone a disposición de las personas guías de oración, ayuno y crecimiento personal y espiritual.

La Asociación de Ministros Evangélicos de Guatemala (AMEG) le concedió un reconocimiento por su trayectoria ministerial. Su presencia en redes sociales, desde donde comparte mensajes de fe y esperanza, ha sido reconocida por medios de comunicación que la sitúan como una mujer influyente, junto a personajes del medio nacional.

El deseo más grande del corazón de Sonia es servir al Señor en agradecimiento por Su bondad. Se siente infinitamente bendecida porque Dios la ha honrado como mujer, esposa, madre, abuela y líder influyente.

Para saber más sobre Sonia Luna, visita el sitio web **sonialuna.org**.

CONTACTO DE SONIA LUNA

Página web: sonialuna.org
Facebook: /psonialuna
Instagram: @pastorasonialuna
Twitter: @PSonialuna
YouTube: /pastorasonialuna

Teléfono: PBX: (502) 6679-1919
Dirección: Km. 21.5 Carretera a El Salvador,
Fraijanes, Guatemala.